Sumário

PROFESSOR RHADAMES

APRENDIZ DA MAÇONARIA

1ª. Edição

Ano 2024

Mirassol/SP

O Aprendiz de Maçonaria: A Iniciação

Este livro, dedicado a todo leitor que se interesse pelo tema, foi escrito por um maçom grau 33º do Rito Escocês Antigo e Aceito e 96º do Antigo e Primitivo Rito Oriental de Memphis Mizrain, portanto, que conhece muito bem o tema que se propôs a escrever e não é um livro exclusivamente para maçons, todos podem e devem ler, os leigos, os maçons, os Rosa-cruzes, os Cavaleiros Templários, os Martinistas, os jovens da Ordem Demolay, as moças Filhas de Jó, quem é da Wicca, quem crê em Deus e aquele que não crê também, enfim é para todos.

Faço aqui uma observação: Loja é o nome que damos no Brasil ao local de reunião dos maçons. Isso causa uma confusão com o termo "loja" que se aplica comumente a um ambiente comercial aberto ao público. Em outros idiomas não existe tal confusão, uma vez que o local de reunião dos maçons recebe o nome de Oficina ou de Alojamento, termo que é muito mais condizente do que a definição da palavra "Loja" principalmente na língua portuguesa aplicada ao Brasil. Ah! Também preciso anotar aqui que "Loja", para nós, maçons, é um conceito mais espiritual do que físico, ou seja, o templo é um local físico, um prédio, que pode abrigar uma ou mais Lojas e a Loja, por sua vez, só existe quando os irmãos estão ritualisticamente reunidos, fora disso, o que existe é apenas um prédio com acomodações, símbolos do chão até o teto, infraestrutura básica e necessária para receber os irmãos que lá formaram uma Loja. Será que fui claro?

Este volume pertence a uma série denominada "Primeiros Passos na Maçonaria" nela o autor descreve quase tudo aquilo que acontece desde o início com aquele que consegue ingressar na Ordem (Volume I Aprendiz Maçom) e subir pelos degraus da Escada de Jacó (é assim que denominamos a caminhada dentro da maçonaria) e recebe o seu aumento de salário (é assim que denominamos aquele que persiste, estuda, é disciplinado e sobre de grau dentro da Ordem) e atinge o grau de Companheiro Maçom (Volume II) até o momento em que o iniciado atinge a maestria (recebe o mestrado, se torna Mestre Maçom, Volume III).

O primeiro volume, intitulado "Aprendiz de Maçonaria", é dedicado ao iniciante e representa o primeiro degrau da escada mencionada anteriormente, correspondendo ao grau 1, ou seja, o Grau do Aprendiz Maçom, designado aqui como Aprendiz de Maçonaria. Essa escolha se deve ao fato de que a Maçonaria é considerada uma arte, e utilizar esse termo para descrever o irmão mais novo que está dando seus primeiros passos na Sublime Ordem é considerado mais apropriado.

A Maçonaria, como tema, desperta grande curiosidade externa, seja pela maneira como conduz suas reuniões em locais fechados ao público, com total discrição e até mesmo com uma aura de "segredo". Apesar de a legislação brasileira proibir o uso do termo "secreto" para classificar atividades de pessoas físicas ou jurídicas, essa proibição não se aplica claramente à Maçonaria.

Embora os Grãos Mestres das diversas ordens maçônicas, tanto no Brasil quanto em todo o mundo, insistam em negar a existência de segredos ou que a Ordem seja secreta, é afirmado neste livro, desde o início, que se trata de uma Ordem Secreta disfarçada de discreta para evitar problemas.

A verdade é que apenas nós, maçons, conhecemos verdadeiramente o que acontece dentro de uma Loja Maçônica, especialmente no momento em que os trabalhos são abertos através da batida dos malhetes do Venerável Mestre, respondida com igual força e vigor pelo Primeiro e Segundo Vigilante.

Em 2023, é comum encontrar templos maçônicos em áreas urbanas, geralmente em ruas próximas ao centro comercial das cidades. Nas grandes cidades e capitais, é possível encontrar templos maçônicos instalados na maioria dos bairros, muitas vezes em áreas residenciais. Essa presença diversificada destaca a influência e a presença da Maçonaria na sociedade contemporânea.

Certamente, uma Loja Maçônica inevitavelmente chama a atenção de sua vizinhança. A curiosidade dos vizinhos sobre o que ocorre dentro desse lugar de reuniões fechadas é algo natural. Diversas "lendas urbanas" envolvendo a Maçonaria circulam há tempos, algumas mais fantasiosas do que outras, como pactos com o diabo, sacrifícios de bodes, ou até mesmo a ideia de um bode voador dentro do templo. Tais mitos persistem não apenas no Brasil, mas em todo o mundo, variando conforme a cidade, país, religião e costumes locais.

A questão que se coloca é se essas lendas prejudicam ou ajudam a vida da Maçonaria. Curiosamente, elas podem ter um efeito duplo: enquanto alimentam a aura de mistério em torno da Maçonaria, também podem atrair atenção indesejada. No entanto, observa-se que, em muitas cidades onde há Lojas Maçônicas, estas desempenham um papel ativo na comunidade.

Apesar das visões negativas, as Lojas Maçônicas frequentemente organizam eventos beneficentes, como festas para arrecadar fundos destinados a instituições como Santa Casa, Igreja Católica, APAE, creches, asilos, entre outras organizações sociais. Além das arrecadações financeiras, a Maçonaria realiza doações de diversos tipos, como cadeiras de rodas, próteses, órteses, ovos de Páscoa, panetones, brinquedos, proporcionando apoio a crianças e adolescentes carentes em datas especiais.

Apesar dessas ações filantrópicas, a Maçonaria e seus membros ainda são frequentemente estigmatizados pela sociedade. Mesmo contribuindo positivamente para a comunidade, os maçons enfrentam desconfiança, inclusive por parte de suas próprias famílias, o que pode resultar em críticas e incompreensões.

Num cenário mais amplo, as transformações sociais estão em andamento. O acesso expandido às redes sociais e o crescimento da intelectualidade estão elevando o pensamento médio para níveis mais altos de discernimento. As redes sociais desempenham um papel significativo na disseminação de informações, permitindo uma compreensão mais profunda da Maçonaria, que anteriormente era envolta em mistério. Esse avanço intelectual pode, ao longo do tempo, contribuir para uma percepção mais esclarecida e positiva da Maçonaria na sociedade.

À medida que a intelectualidade cresce entre as camadas populares, a Maçonaria se torna um tema de discussão mais acessível e compreensível para um público mais amplo. Esse avanço intelectual oferece às pessoas a oportunidade de avaliar a Maçonaria com uma perspectiva mais informada, promovendo um discernimento mais profundo sobre suas práticas e propósitos.

Essa mudança no pensamento médio não apenas enriquece a compreensão da Maçonaria, mas também fomenta um diálogo mais aberto e esclarecido sobre essa instituição. À medida que a sociedade evolui, a Maçonaria se destaca como um tópico que reflete as transformações no pensamento coletivo, adaptando-se a um contexto mais acessível e intelectualmente estimulante.

É inegável que o interesse em ingressar em instituições como a Maçonaria, a Rosacruz, os Templários, a Wicca, a Igreja Católica, o Rotary Club, o Lions Club, entre outras organizações religiosas e filosóficas, parece ter diminuído nas últimas duas décadas. Este declínio pode ser justificado pelo rápido crescimento do ambiente virtual, que agora oferece acesso a quase todas as atividades sem exigir o deslocamento físico.

A pandemia, que não faz muito tempo ocorreu, reforçou e solidificou o conceito de home office, enraizando-nos em uma rede que, por vezes, questionamos se é verdadeiramente social. Esse novo paradigma demonstra que a capacidade de trabalho e participação humana independe cada vez menos do deslocamento físico, permitindo que profissionais exerçam suas atividades, devotem-se a suas causas e explorem seu potencial a partir do conforto de casa.

O sentimento de insegurança também desempenha um papel significativo, afastando associados de diversas entidades associativas que, infelizmente, podem estar com seus dias contados ou já terem fechado suas portas. Nos grandes centros urbanos, em especial, o número de pessoas que preferem não sair de casa para participar de reuniões associativas tem crescido. O transtorno do trânsito, aliado à dificuldade de estacionamento, serve como um desincentivo adicional ao deslocamento.

Essa transformação na dinâmica social não afeta apenas organizações filosóficas e religiosas, mas também instituições educacionais. As universidades enfrentam uma crise sem precedentes, sendo forçadas a se adaptar ao Ensino à Distância para evitar uma evasão em massa. Prédios que costumavam estar lotados agora estão quase vazios, com poucos alunos se aventurando em cursos presenciais.

Nesse contexto de mudanças, as instituições precisam se reinventar e encontrar formas inovadoras de se conectar com seus membros e públicos-alvo, adaptando-se aos novos padrões de comportamento e preferências da sociedade contemporânea.

A pandemia e todos esses conceitos atuais que descrevi no parágrafo anterior também afetaram muito a Maçonaria, que passou a ter as suas sessões esvaziadas, sem *quórum* suficiente para abertura dos trabalhos. Algumas Lojas pedem o mínimo de 15 membros para que possam abrir seus trabalhos, outras se contentam com 12 e outras, ainda menos, com 7 e mesmo assim, muitas delas não conseguem trabalhar.

Esses dados não chegam a ser espantosos, mas, sim, lamentáveis.

Para enfrentar essa situação, da evasão dos quadros de obreiros, a Maçonaria teve que se adaptar e a solução foram as reuniões virtuais. Algumas organizações foram mais ágeis nesse sentido, a GLOMEB Grande Loja Regular e Simbólica da Maçonaria Egípcia no

Brasil da qual sou fundador, se não foi a pioneira certamente foi uma das primeiras a incrementar tais reuniões virtuais ainda na época da pandemia e por força do isolamento social obrigatório.

Para nós essa adaptação não foi difícil, uma vez que desde a nossa fundação em 2010 sempre estivemos na vanguarda e já utilizávamos, desde aquela data, os recursos que a tecnologia nos oferecia para que pudéssemos nos reunir com os irmãos dos quatro cantos no Brasil, se não me engano, bem no começo utilizávamos o serviço disponibilizado por uma empresa que tinha uma plataforma *chamada hot-conference.*

Claro que as Sessões Magnas, ou seja, aquelas em que é necessária uma liturgia para a iniciação dos novos maçons sempre aconteceu de modo presencial, assim como as cerimônias para elevação ao grau dois, de Companheiro e grau três de Mestre Maçom, todas de forma presencial, infelizmente nunca fomos compreendidos e por longos anos tentaram nos massacrar com injustas críticas, por parte dos irmãos de outras Lojas, que custavam a entender que nós estávamos um passo à frente deles.

Sem rancor. Passamos a trolha (colher de pedreiro) e perdoamos.

Infelizmente, veio a pandemia e tudo mudou.

Hoje é mais do que normal que as Grandes Potências (potência é uma organização que congrega várias lojas), das mais antigas no Brasil, incentivem seus membros para que participem das reuniões *on line* e até mesmo no portal delas (rede social) encontramos o chamado para que a frequência dos associados seja mantida principalmente nas reuniões do tipo videoconferência.

Capítulo Dois
A Sindicância

Após essa introdução e o primeiro capítulo que prepararam o terreno e o coração do leitor, agora adentraremos ao desenvolvimento do tema principal deste livro: o momento em que o candidato se torna maçom do Primeiro Grau, ou seja, Aprendiz de Maçonaria.

Antes de chegarmos a esse ponto crucial, é necessário percorrer um caminho longo e essencial: a sindicância. A sindicância consiste em uma investigação preliminar da vida atual e dos antecedentes civis e criminais do candidato. No entanto, essa análise não se inicia nesse momento específico. O processo começa lá atrás, desde quando desperta o interesse da Loja pelo candidato. Sim, é a Loja que se interessa por novos candidatos, e não o contrário. Não é o candidato que simplesmente manifesta seu interesse em ingressar na Maçonaria e é aceito; o processo é mais complexo do que parece.

Vamos explorar juntos como ocorre a chegada de um novo membro. Atualmente, está se desvanecendo o dogma (lembrando que a Maçonaria não é lugar para dogmas) de que o candidato só é aceito mediante o convite de um padrinho maçom. Essa prática não é mais uma regra absoluta. Nos sites das principais organizações maçônicas no Brasil e no mundo, como a Grande Loja Unida da Inglaterra (GLUI), há uma aba específica para enviar uma ficha e tentar ingressar na Ordem. Esse processo é evidenciado ao acessar https://www.ugle.org.uk/ em 26/03/2023.

Apesar disso, o convite feito por um maçom, que será o padrinho do candidato, ainda persiste devido a costumes arraigados e à teimosia dos maçons atuais em considerar mais adequado, charmoso e elegante que o candidato seja convidado por um deles. Essa prática é um sinal claro do retrocesso que a Maçonaria insiste em manter. Muitas vezes, confunde-se o que é costume com a dificuldade em adaptar-se aos tempos atuais. O desafio, portanto, é encontrar um equilíbrio entre a tradição e a necessidade de evolução na Maçonaria.

Nos antigos costumes maçônicos, o candidato tinha a possibilidade de bater à porta de uma Loja Maçônica e expressar seu interesse em ingressar na Ordem. Ao ser atendido, deveria fornecer seus dados pessoais e contatos, como endereço, telefone, ou WhatsApp. Essa intenção era então levada à primeira reunião administrativa, econômica ou aquela que fosse apropriada, onde o nome do candidato passaria pelo escrutínio secreto, ou seja, uma votação secreta pelas esferas preta e branca.

Outro procedimento era que o interessado enviasse uma carta (atualmente equivalente a um e-mail ou mensagem via WhatsApp) à loja de seu interesse. O mesmo processo seria seguido: avaliação dos dados do proponente com votação de todos os membros da loja, marcando o primeiro passo para a formação da Comissão Sindicante.

Contudo, alguns grupos mais tradicionais, especialmente em pequenas cidades, resistem à ideia de que a Maçonaria deve se adaptar para sobreviver. Em algumas dessas lojas, os irmãos mais antigos, de costumes arraigados, se recusam a aceitar novos membros. Infelizmente, essa postura pode condenar a loja a uma morte lenta e previsível, especialmente quando os irmãos mais antigos enfrentam limitações físicas devido à idade avançada.

Embora o costume de convidar candidatos para serem maçons tenha seus méritos, algumas lojas, principalmente em pequenas cidades, podem utilizá-lo de forma egoísta. Alguns irmãos se veem como os melhores cidadãos locais, utilizando o costume como uma maneira mesquinha de restringir a entrada de novos membros, impedindo homens justos e de bons costumes de fazerem parte da Nobre Arte.

Os prejudicados por essa prática são diversos, incluindo a Maçonaria como um todo, a loja em particular, os próprios irmãos que inadvertidamente comprometem o futuro de suas lojas e, por fim, a comunidade que fica privada da atividade maçônica que, comprovadamente, pode agregar valor ao bairro, à cidade ou à capital em que está inserida.

Concluindo, é por essa razão que se tornou necessário abrir mais os meios que possibilitam ao interessado em tornar-se maçom que sua vontade e interesse sejam conhecidos pela Loja Maçônica, local ou não, para que lá ele possa exercer os princípios da Liberdade, Igualdade e Fraternidade e receber a Verdadeira Luz. Essa abertura é crucial para preservar e fortalecer os valores fundamentais da Maçonaria em um mundo em constante transformação.

Capítulo três
O Homem de Desejo

O "Homem de Desejo", parafraseando Martinés de Pasqually, um dos possíveis fundadores do Martinismo, autor do livro "Tratado da Reintegração dos Seres", é a figura que buscamos ardentemente. É nele que concentramos nossas buscas, aspirando encontrá-lo e trazê-lo ao seio da Maçonaria.

Os membros da Loja, os irmãos, possuem obrigações com a Maçonaria, e estão cientes de que devem cumpri-las rigorosamente, conforme juraram no dia de suas iniciações. Entre essas obrigações, destaca-se o ingresso de novos membros.

Cada irmão tem o "dever-poder" de apresentar pelo menos um possível candidato dentro do Ano Maçônico, que se inicia em março para as Lojas que seguem o Rito Escocês Antigo e Aceito, e em janeiro para as que seguem o rito egípcio. Esse candidato não necessariamente precisa ser amigo do indicador, embora não haja nada que o impeça de ser. Pode ser um comerciante local, um advogado, médico, engenheiro, professor, militar, funcionário público ou qualquer pessoa com uma ocupação lícita que possa garantir seu sustento e o de sua família.

Independentemente da origem do candidato, ele deve possuir uma característica marcante: ser um homem livre e de bons costumes. Posteriormente, será explicado o significado dessa frase, explorando juntos o que significa ser "livre" e ter "bons costumes", além de examinar a origem e o respaldo legal e consuetudinário dessa norma maçônica.

Consideremos que tenhamos recebido a ficha de um pretendente a Aprendiz de Maçonaria. Essa ficha foi entregue ao Venerável Mestre por meio de um dos irmãos, indicando, portanto, que um maçom será o padrinho do candidato durante sua iniciação nos augustos mistérios.

Segue-se uma explicação necessária sobre o cargo de Venerável Mestre.

O Venerável Mestre é a autoridade maçônica que preside os trabalhos da Loja, sendo escolhido entre os Mestres Maçons mais antigos. A Loja pode optar por nomear o

Venerável Mestre sem votação, através de uma ficha tríplice, ou, caso haja outros pretendentes ao cargo, criar chapas para disputar a eleição.

Entretanto, o método de chapas e eleição não é amplamente aconselhável, pois pode gerar divisões e animosidades na Loja. Muitas vezes, o vencedor enfrenta dificuldades durante sua gestão se não tiver ampla maioria de apoio. Em nossas Lojas, preferimos e adotamos a nomeação do Venerável Mestre por meio de consulta aos associados do quadro de obreiros, ouvindo também a posição dos Irmãos Conselheiros do Supremo Conselho e do Colégio de Veneráveis. Buscamos um nome de consenso, e quando identificado, procedemos aos preparativos para a substituição do Venerável, contando com uma equipe de transição para apoiá-lo.

Quanto à ficha do candidato, aquele que o indicou não pode participar da Comissão de Sindicância para evitar qualquer forma de protecionismo. O Venerável Mestre redistribui a ficha para o Irmão Secretário, que tem um prazo para organizar uma Comissão Sindicante. Esta comissão é composta por pelo menos três irmãos no grau de Mestre Maçom, sendo desejável que um deles tenha notório saber comprovado na prática da sindicância.

Sempre que possível, o Irmão Secretário escolherá irmãos com formação na área de humanas, como psicologia, assistência social ou recursos humanos, para realizar a importante missão de analisar a vida do candidato, incluindo entrevistas pessoais com ele e sua família ao final do processo seletivo. Caso não haja profissionais na área no quadro de obreiros, o Secretário escolherá membros mais antigos, de preferência Mestres Maçons, e poderá substituir um ou outro por um irmão do grau de Companheiro, desde que tenha maturidade maçônica para cumprir essa árdua missão.

A sindicância é o ponto nevrálgico da formação da base de uma Loja Maçônica. É o seu (da Loja) Calcanhar de Aquiles. Dela – sindicância – sendo realizada da forma correta – depende o progresso ou o fracasso da Loja, não pelo ponto de vista do crescimento do número de membros, mas sim e principalmente, da qualidade que os irmãos da Loja terão.

Se, e somente se, o Irmão Secretario responsável pela organização da Comissão Sindicante não encontrar no quadro de obreiros membros com capacidade de compor tal comissão, devolverá a ficha ao Venerável Mestre explicando a situação, quando então o Venerável Mestre colocará solenemente a ficha "sob malhete" por tempo indeterminado até que haja irmãos capacitados para realizar a sindicância.

Eu disse "solenemente colocará a ficha sob malhete", pois, essa atitude existe uma liturgia a qual não explicarei neste momento, vamos deixar para outro livro. Por quanto tempo o Venerável Mestre pode manter a ficha (ou qualquer outro documento e assunto) sob malhete? Não há prazo definido, nem na Constituição de Anderson- que neste ano de 2023 completa 300 anos, nem em outro regulamento qualquer, portanto o Venerável poderá deixar a ficha sob malhete pelo tempo que julgar necessário.

A primeira avaliação sobre o candidato será na apreciação de duas qualidades imprescindíveis para todo candidato a maçom: Livre e de Bons Costumes. Ora, vejamos então o que vem a ser isso!

Segundo os ensinamentos do Irmão Antônio Marcos de Melo Ferreira, conforme publicado na página "fremasson.pt", eis a interpretação maçônica do que venha a ser livre e de bons costumes:

Livre e de Bons Costumes

Ser livre e de bons costumes implica que, apesar de todo homem ser livre na real acepção da palavra, pode estar preso a entraves sociais que o privem de parte da sua liberdade e o tornem escravo das suas próprias paixões e preconceitos. Assim, é desse jugo que se deve libertar, mas somente o fará se for de Bons Costumes, ou seja, se já possuir, na sua personalidade, preceitos éticos (virtudes) bem fundamentados.

O ideal dos homens livres e de bons costumes, ensinado pela nossa sublime Ordem, mostra que a finalidade da Maçonaria é, desde épocas mais remotas, o aprimoramento espiritual e moral da Humanidade, pugnando pelos direitos dos homens e pela Justiça, pregando o amor fraterno e procurando congregar esforços para uma maior e mais perfeita compreensão entre os homens. Isso visa estabelecer os laços indissolúveis de uma verdadeira fraternidade, sem distinção de raças nem de crenças, condição indispensável para que haja realmente paz e compreensão entre os povos.

A palavra "livre", derivada do latim, em sentido amplo significa tudo o que se mostra isento de qualquer condição, constrangimento, subordinação, dependência, encargo ou restrição. A qualidade ou condição de livre importa na liberdade de ação sem qualquer oposição, desde que não haja restrição de ordem legal e, principalmente, moral.

A Maçonaria é uma escola de aperfeiçoamento moral, onde os homens buscam aprimorar-se em benefício dos seus semelhantes, desenvolvendo qualidades que os tornem cada vez mais úteis à coletividade. Contudo, é necessário lembrar que, de uma pedra impura, jamais conseguiremos fazer um brilhante, por maiores que sejam os nossos esforços.

O conceito maçónico de homem livre é mais elevado do que o conceito jurídico. Para ser homem livre, não basta ter liberdade de locomoção; é necessário não ser escravo das paixões, não se deixar dominar pela torpeza dos instintos de fera humana. O verdadeiro homem livre não é dominado pelo vício e consegue libertar-se das tentações, escolhendo a estrada que conduz à prática do bem e se afastando das propensões para o mal.

Sendo livre e, por consequência, desfrutando de liberdade, o homem deve sempre pautar sua vida pelos preceitos dos bons costumes. Os bons costumes referem-se à honestidade das famílias, ao recato das pessoas e à dignidade ou decoro social. O bom Maçom, livre e de bons costumes, não confunde liberdade com abuso, crê em Deus como ser supremo orientador do bem, é leal, cultiva a fraternidade e recusa agradecimentos, satisfazendo-se com o prazer de contribuir para amparar um semelhante.

O bom Maçom, livre e de bons costumes, não se abate, jamais se desmanda, não se revolta com as derrotas, porque vencer ou perder são contingências da vida do homem, é nobre na vitória e sereno se vencido, porque sabe triunfar sobre os seus impulsos, dominando-os, pratica o bem porque sabe que é amparando o próximo, sentindo as suas dores, que nos aperfeiçoamos.

O bom Maçom, livre e de bons costumes, abomina o vício, porque este é o contrário da virtude, que ele deve cultivar; é amigo da família, porque ela é a base fundamental da humanidade; tem qualidades morais para ser Maçom, não humilha os fracos, os inferiores, porque é cobardia, e a Maçonaria não é abrigo de cobardes; trata fraternalmente os demais para não trair os seus juramentos de fraternidade; não se desvia do caminho da moral, porque quem dele se afasta, incompatibiliza-se com os objetivos da Maçonaria.

O bom Maçom, o verdadeiro Maçom, não se envaidece, não alardeia as suas qualidades, não vê no auxílio ao semelhante um gesto excepcional, porque este é um dever de solidariedade humana, cuja prática constitui um prazer. Não promete senão o que pode cumprir. Uma promessa não cumprida pode provocar inimizade. Não odeia, o ódio destrói, só a amizade constrói.

Finalmente, o verdadeiro Maçom, não investe contra a reputação de outro, porque tal fazer é trair os sentimentos de fraternidade. O Maçom, o verdadeiro Maçom, não tem apego aos cargos, porque isto é cultivar a vaidade, sentimento mesquinho, incompatível com a elevação dos sentimentos que o bom Maçom deve cultivar.

Os vaidosos buscam posições em que se destaquem; os verdadeiros maçons buscam o trabalho em que façam destacar a Maçonaria.

O valor da existência de um Maçom é julgado pelos seus atos, pelo exercício do bem.

Capítulo quatro
A Comissão Sindicante

A Comissão de Sindicância desempenha um papel crucial no processo de admissão de um novo membro na Maçonaria. Cada irmão que compõe a comissão recebe uma cópia da proposta de filiação ou ficha de inscrição, e todos são temporariamente designados como Oficiais Sindicantes. Um dos membros da comissão é encarregado da pesquisa dos documentos do candidato.

O Oficial Sindicante responsável pela documentação verifica e valida os documentos fornecidos pelo candidato. A maioria desses documentos pode ser obtida rapidamente pela internet, incluindo informações da Polícia Federal, Polícia Civil, Tribunal de Justiça, e outros órgãos. Se o candidato for empresário, também é feita uma busca na Junta Comercial e na Receita Federal para verificar a vida comercial da empresa.

No caso de candidatos autônomos ou profissionais liberais, a comissão realiza buscas para verificar a situação profissional junto aos conselhos de classe relevantes, como OAB, CREA, CRM, entre outros. Quando o candidato é casado, é necessário apresentar uma Declaração de Concordância Conjugal, na qual a esposa ou convivente declara não se opor ao ingresso do marido na Maçonaria.

Essa declaração é crucial para evitar conflitos conjugais, uma vez que a aceitação do candidato implica em sua participação em reuniões e atividades que podem mantê-lo fora de casa por períodos consideráveis, seja durante a semana ou nos finais de semana. O entendimento prévio e a concordância da esposa são importantes para evitar possíveis atritos familiares devido à ausência do marido.

Entrevista Pessoal

O processo de entrevista pessoal, ou sindicância, é um passo crucial no procedimento de admissão de um candidato na Maçonaria. Este processo se desdobra em duas etapas principais: a) visitas ou contatos com parentes, amigos e outras pessoas que possam fornecer informações sobre o candidato; b) entrevista pessoal na residência do candidato na presença da família, sendo obrigatória a presença da esposa, caso outros familiares não estejam presentes.

Durante a entrevista, a Comissão Sindicante, composta por Oficiais Sindicantes, desloca-se até a residência do candidato, todos devidamente trajados de forma maçônica, usando terno preto, camisa branca e sapato social preto. O entrevistador, um dos Oficiais Sindicantes, deve ter a ficha do candidato em mãos para referência e esclarecimento de eventuais dúvidas.

A entrevista é conduzida com seriedade, transmitindo a importância do ato e todo o formalismo envolvido no processo de ingresso na Maçonaria. A entrevista é um momento solene e crucial, merecendo atenção especial.

Durante a entrevista, observam-se vários aspectos, incluindo o ambiente familiar, a postura do candidato perante a família, os costumes familiares, a visão da família sobre religião, educação e cultura, o entendimento sobre a Maçonaria, o engajamento em atividades de lazer e férias, entre outros.

Existem formulários ou manuais sobre a sindicância, contendo perguntas que devem ser feitas durante a entrevista. Esses manuais são fornecidos aos Oficiais Sindicantes para orientação. Geralmente, o Oficial Sindicante é um Mestre Maçom e faz parte de uma Comissão Sindicante.

A entrevista tem um tempo definido para começar e terminar, e a Comissão não deve permanecer indefinidamente no local. Os comentários feitos pela Comissão devem se restringir aos assuntos debatidos naquele momento, evitando entrar em explicações sobre as atividades maçônicas. Se a família oferecer alguma bebida, é aceitável, mas bebidas alcoólicas não são aceitas.

A despedida deve manter o critério cerimonioso, e a Comissão evita antecipar resultados sobre o ingresso do candidato, uma vez que o relatório da entrevista é apenas uma parte do processo que será apresentado à assembleia da Loja para votação. É importante não criar falsas expectativas no candidato ou na família.

Relatório da Comissão

Após a conclusão da sindicância, o relatório é entregue ao Venerável Mestre, que marcará uma reunião administrativa restrita, envolvendo os Oficiais Sindicantes, o Orador,

Secretário, Primeiro e Segundo Vigilante. Nessa reunião, serão avaliados a ficha do candidato, os documentos   apresentados, o relatório da entrevista e, se necessário, relatórios adicionais sobre a vida social e comercial do candidato.

A ficha do candidato será afixada no quadro de avisos da loja, e cópias serão enviadas ou transmitidas por e-mail para outras lojas da mesma potência ou lojas com tratado de amizade. Isso visa dar publicidade interna à intenção de ingresso do candidato na Maçonaria, possibilitando que outros irmãos forneçam informações relevantes que possam influenciar a decisão. Após aguardar um tempo para receber possíveis respostas, se não houver impedimentos, o processo avança para a votação secreta em loja.

A verificação da documentação apresentada pelo candidato é crucial. Certidões de antecedentes criminais, documentos do domicílio do candidato e outros serão confirmados junto aos órgãos emissores. Códigos de autenticidade são verificados para atestados de antecedentes criminais, e certidões emitidas pelo Tribunal de Justiça de São Paulo permitem a confirmação. Além disso, documentos que comprovem o local de residência podem ser avaliados usando o Google Maps, e um irmão da localidade indicada pode passar pelo endereço antes da entrevista pessoal. Essas medidas garantem a integridade do processo de admissão e a confiança na documentação apresentada pelo candidato.

Apresentação da Proposta

Após a apresentação dos documentos, relatórios e materiais pela Comissão Sindicante, o próximo passo é a reunião com todos os irmãos do quadro de obreiros da Loja. Geralmente realizada durante uma sessão ordinária ou econômica, essa reunião tem o propósito de apresentar a proposta de ingresso do candidato.

Durante essa reunião, o Venerável Mestre concede a palavra ao padrinho do candidato. O padrinho tem a oportunidade de destacar os pontos positivos do seu afilhado, proporcionando esclarecimentos adicionais sobre o candidato. Vale ressaltar que essa intervenção não tem como objetivo influenciar a assembleia antes da votação, mas sim fornecer informações complementares sobre o candidato.

Caso durante a sindicância tenham surgido pontos negativos, é responsabilidade do padrinho a defesa do seu afilhado, buscando reverter ou esclarecer eventuais impedimentos que poderiam afetar a admissão do candidato. Essa fase visa assegurar uma discussão aberta e justa sobre o ingresso do candidato na Maçonaria.

A Votação

Após a apresentação dos documentos, relatórios e materiais pela Comissão Sindicante, o próximo passo é a efetiva votação, que utiliza esferas iluminadas e esferas escuras, conhecidas como bolas brancas e pretas. Cada irmão que participa da votação recebe uma esfera de cada cor, sendo que o "sim" é representado pela esfera branca e o "não" pela esfera preta.

Durante a votação, os irmãos depositam a esfera correspondente à sua decisão em relação ao candidato. O processo de votação é conduzido com a coleta das esferas, e ao final, o Venerável Mestre anuncia se todas as esferas foram brancas ou se houve a presença de esferas pretas. O termo "recebeu bola preta" é comumente utilizado para indicar a reprovação do candidato.

O critério para reprovação varia entre lojas, algumas consideram reprovado o candidato que recebeu apenas uma bola preta, enquanto outras podem permitir até três. Essa variação está relacionada ao número de membros na loja, sendo que lojas maiores podem ter critérios mais flexíveis.

Após a votação, o próximo passo é informar oficialmente ao candidato sobre sua aprovação e a data da cerimônia ritualística de iniciação no Grau de Aprendiz Maçom. A notícia, seja de aprovação ou reprovação, é comunicada através do padrinho do candidato. Em casos de reprovação, geralmente não há recurso disponível para o candidato, mas o padrinho pode, se desejar, solicitar ao Venerável Mestre a abertura de um prazo para apresentação de novos documentos ou provas que possam justificar e contrapor o motivo da reprovação. Cabe exclusivamente ao Venerável Mestre conceder ou negar esse pedido, já que não há previsão para recursos nas leis, costumes ou estatutos maçônicos relacionados à reprovação de candidatos.

Capítulo Cinco
A Cerimônia de Iniciação

Preparativos

O processo de iniciação maçônica é, de fato, uma experiência única e solene que ocorre no ambiente controlado da loja maçônica. Após a aprovação do candidato, este é informado sobre as datas específicas para as cerimônias de iniciação, incluindo o local, data, horário e a vestimenta adequada, que geralmente consiste em um terno preto completo, camisa branca e sapato social.

Ao contrário de algumas lendas urbanas, não há cerimônia externa envolvendo cemitérios ou sequestros. A iniciação ocorre exclusivamente dentro do templo maçônico, um ambiente seguro e controlado pelos irmãos maçons, que zelam pela integridade física e bem-estar do postulante.

O termo "profano" é utilizado para descrever aqueles que estão fora do templo maçônico, ou seja, aqueles que ainda não foram iniciados nos mistérios maçônicos. Não é uma palavra pejorativa, mas sim uma indicação do status do indivíduo em relação à Maçonaria. O candidato aprovado, que agora é chamado de postulante ou aspirante, continua sendo considerado profano até completar o processo de iniciação.

O ritual de iniciação é uma parte fundamental da jornada maçônica, simbolizando a entrada do profano em um novo entendimento e conhecimento dentro da ordem. O processo é conduzido com reverência, respeito e cuidado para proporcionar uma experiência significativa ao postulante.

Entrando no Templo

A chegada do postulante ao templo maçônico envolve procedimentos rigorosos para garantir a segurança e a integridade da cerimônia. Após ingressar pelo portão, sua identidade civil será verificada, e serão feitas perguntas adicionais para conferir as informações da ficha de inscrição. A avaliação do traje é crucial, assegurando que o postulante esteja devidamente trajado, conforme as normas maçônicas.

Para evitar possíveis atos de espionagem, o postulante será revistado, e todos os seus pertences serão retirados e entregues a um irmão responsável pela guarda. Itens como telefone celular, relógio, anéis, pulseiras, tornozeleiras e outros adornos são cuidadosamente guardados em um armário devidamente fechado.

Em casos nos quais o postulante é militar ou policial e está portando arma de fogo, é essencial comunicar imediatamente ao Venerável Mestre. Este tomará as medidas necessárias, como desarmar e desmuniciar a arma, que será guardada em um cofre da loja ou em um armário seguro com chave. Em geral, solicita-se ao próprio candidato que realize as manobras necessárias para desmuniciar a arma, minimizando riscos de disparos acidentais. Esses procedimentos são parte integrante da cautela e responsabilidade maçônica durante o processo de iniciação.

Capítulo Seis
Na Câmara de Reflexões

O momento da iniciação na Maçonaria é marcado por rituais intensos e simbólicos, e a Câmara de Reflexão desempenha um papel significativo nesse processo. Ao vendar os olhos do candidato e colocar um capuz sobre a venda, cria-se uma atmosfera de mistério e introspecção. Uma equipe ritualística cuidadosa e dedicada guia o candidato, assegurando que ele não enxergue nada e o conduzindo por diversos obstáculos até a Câmara de Reflexão.

Nesse ambiente isolado, o candidato é deixado sozinho para refletir sobre sua vida e sobre o significado desse momento especial. O aroma de incenso, a música clássica ou instrumental, e o isolamento auditivo contribuem para criar uma atmosfera única e propícia à reflexão.

A presença de um irmão na porta da Câmara, pronto para atender qualquer chamado de emergência, é uma precaução sensata. A entrega de uma campainha ao candidato permite que ele sinalize se algo estiver fora do comum ou se precisar de assistência.

Os relatos de incidentes durante a iniciação destacam a importância de considerar o estado emocional e físico do candidato. Medos, fobias e condições de saúde devem ser levados em conta para garantir uma experiência segura e positiva. A Maçonaria reconhece que a jornada do candidato é única, e cada um traz consigo suas próprias experiências e desafios.

Esses relatos enfatizam que o processo de iniciação vai além da sindicância e exige uma compreensão empática das necessidades individuais dos postulantes. A Maçonaria busca acolher seus membros de maneira respeitosa e responsável, guiando-os em sua jornada de autodescoberta e aprimoramento espiritual.

<u>**Capítulo sete**</u>
<u>**Conhecendo a Câmara de Reflexão**</u>

Transcorrido o tempo determinado pelo Venerável Mestre para que o candidato permanecesse vendado na Câmara de Reflexão será enviado um grupo de irmãos que irão retirar a venda e ter o primeiro contato com o candidato. Todos eles usarão máscaras, uma vez que o candidato ainda é um profano e não tem a confiança total da maçonaria e não poderá saber quem são os irmãos que estão ali com ele.

Retirada a venda ele se deparara com a seguinte cena no ambiente: uma sala fechada, alguns irmãos mascarados ao se redor, uma pequena mesa, uma cadeira, uma vela, um crânio, um galo, outros possíveis animais simbólicos, uma flâmula com várias frases de advertência principalmente "se a curiosidade te trouxe aqui, afasta-te" e outra "se tens algo a esconder é melhor que vá embora, todos os teus segredos serão revelados".

A descrição do ambiente na Câmara de Reflexão durante o momento da retirada da venda é rica em simbolismos maçônicos. Esse é um momento crucial para o candidato, que é guiado por irmãos mascarados, representando a ideia de que sua jornada na Maçonaria é uma busca pessoal e única, não condicionada a preconceitos externos.

Ao deparar-se com os elementos na sala, o candidato encontra símbolos maçônicos tradicionais, cada um com seu significado específico:

1. **Crânio e outros animais simbólicos:** Representam a transitoriedade da vida, a morte como uma parte natural do ciclo da existência, e a importância de refletir sobre a própria mortalidade.

2. **Galo:** Um símbolo da vigilância e do despertar espiritual, lembrando ao candidato a necessidade de estar atento aos princípios maçônicos e de buscar o conhecimento.

3. **Flâmula com frases de advertência:** As mensagens como "se a curiosidade te trouxe aqui, afasta-te" e "se tens algo a esconder é melhor que vá embora, todos os teus segredos serão revelados" reforçam a seriedade da jornada maçônica. Elas lembram ao candidato que a Maçonaria valoriza a sinceridade, honestidade e transparência.

A baixa luminosidade na Câmara de Reflexão cria uma atmosfera propícia para a reflexão e introspecção. A vela, além de fornecer uma luz fraca, também simboliza a busca pela verdade e o conhecimento que a Maçonaria promove.

Essa experiência inicial visa instigar o candidato a questionar, refletir sobre si mesmo e estar preparado para os ensinamentos maçônicos que estão por vir. O simbolismo desse ambiente contribui para a construção da narrativa ritualística que faz parte da rica tradição maçônica.

O Testamento

A elaboração do testamento na Câmara de Reflexão é um momento significativo e simbólico na iniciação maçônica. O candidato é conduzido a refletir sobre aspectos essenciais da vida, e suas respostas revelam sua compreensão sobre valores, responsabilidades e compromissos.

A presença de elementos simples, como papel, lápis, água, e pão ou broa de milho, ressalta a simplicidade e a universalidade dos elementos fundamentais da vida. A única chama da vela, que ilumina o papel enquanto o candidato escreve, simboliza a luz da verdade e do conhecimento que a Maçonaria busca.

O ato de escrever o testamento é uma representação simbólica da transitoriedade da vida e da importância de considerar o legado que se deixa para trás. Os temas sugeridos para o testamento incluem:

Patrimônio e Herança: O candidato é convidado a refletir sobre seus bens materiais e a determinar a quem deseja legá-los. A opção de doar para a Maçonaria destaca o compromisso com a fraternidade e o serviço à comunidade.

Deveres para com Deus, Família, Pátria e Si Mesmo: Essas reflexões abrangem valores fundamentais e responsabilidades em diversas esferas da vida. O candidato é incentivado a considerar seu papel em relação ao divino, à família, à nação, a si mesmo e à Maçonaria.

Dever para com a Maçonaria: Destaca a importância do compromisso maçônico na vida do candidato. Ele é encorajado a expressar seus sentimentos em relação à Ordem e a reconhecer a influência que ela terá em sua jornada. - **Quais são os vossos deveres para com Deus?**

- **Quais são os vossos deveres para com a Humanidade?**

- **Quais são os vossos deveres para com a Pátria?**

- **Quais são os vossos deveres para com a Família?**

- **Quais são os vossos deveres para com o próximo?**

- **Quais são os vossos deveres para convosco?**

A solidão inicial, antes de começar a escrever, proporciona um momento de reflexão profunda e pessoal. O sinete, colocado à disposição do candidato, é um elo simbólico com o mundo exterior, permitindo que ele chame a atenção dos irmãos caso necessite de assistência ou tenha concluído o processo de escrita.

Esse ritual, repleto de simbolismos e reflexões, marca o início da jornada maçônica do candidato, incentivando-o a considerar a importância de seus valores e compromissos na busca pela verdade e pelo aprimoramento pessoal.

Posso Desistir?

Naquele momento é orientado sobre a possibilidade de desistir da iniciação, caso não pretenda prosseguir é o momento ideal para que o candidato desista, pois dali por diante, uma vez começada a cerimônia com as viagens dentro da Loja, caso queira desistir, poderá, porém jamais terá chance de tentar novamente o ingresso na Maçonaria, pois seu nome será lançado no Livro Amarelo, que circula por todas as Lojas Maçônicas, constando a informação que desistiu no momento das viagens.

Daquele ponto em diante as coisas mudam. Ele terá acesso a certas situações que não podem ser divulgadas para o público externo e que são partes integrantes do segredo maçônico da iniciação ritualística, que por sua vez, guarda todo o impacto do psicodrama que o candidato deverá passar e pelo qual dará prova (ou não) da sua capacidade de ingressar no Quadro de Obreiros daquela Loja e pertencer de uma vez por todas à Maçonaria Universal.

A explicação lógica para essa abertura à desistência é que, até então, o candidato permaneceu na Câmara de Reflexão, distante dos elementos mais simbólicos e do cerimonial interno da Loja. Ele ainda não teve contato direto com a cerimônia em si e não reconheceu nenhum irmão da equipe ritualística. Portanto, a desistência nesse estágio não impacta significativamente a Loja ou a Maçonaria.

No entanto, ao prosseguir além desse ponto, o candidato será exposto a aspectos da cerimônia que são estritamente mantidos em segredo maçônico. A partir das viagens dentro da Loja, ele participará de um psicodrama e enfrentará situações que não podem ser reveladas ao público externo. Isso inclui elementos que fazem parte do mistério e da experiência única da iniciação.

Assumindo que o candidato opte por não desistir, ele completa as etapas na Câmara de Reflexão, respondendo às questões, elaborando o testamento, fazendo uso dos elementos simbólicos fornecidos e lendo as frases de reflexão na sala. Ao tocar o sinete, sinaliza que está pronto para prosseguir, aceitando o desafio da iniciação maçônica e as responsabilidades que ela traz consigo.

Leitura do Testamento

Neste ponto, o Irmão Responsável pela condução do candidato até então entra na Câmara de Reflexão para verificar e recolher o testamento elaborado pelo candidato. O testamento será entregue ao Venerável Mestre por meio do Segundo Vigilante. Em seguida, acontece a leitura do testamento, e o Irmão Tesoureiro se manifesta sobre a quitação dos valores referentes à joia de ingresso por parte do candidato.

É crucial compreender que, enquanto toda essa recepção e preparação do candidato ocorria externamente, dentro do templo a Loja estava em pleno funcionamento, conduzindo seus trabalhos regulares. Essa dualidade de ações permite que uma cerimônia magna de iniciação se desenrole simultaneamente aos processos descritos nos parágrafos anteriores.

Esse sincronismo perfeito demonstra a maestria com a qual a Maçonaria organiza suas atividades. Diferentes situações ocorrem em ambientes distintos, convergindo no momento final para formar uma única cerimônia. Na Maçonaria, existem vários tipos de reuniões ou cerimônias, sendo as mais importantes as Ordinárias (administrativas ou econômicas) e as Magnas, que são dedicadas à liturgia aplicada aos casos de iniciação, elevação e exaltação.

Os termos "subir de um grau ao outro" e "aumento de salário" são utilizados na Maçonaria para simbolizar a progressão do aprendiz maçom em sua jornada maçônica. Essa linguagem metafórica está associada à Escada de Jacó e à construção do Templo de Salomão, elementos fundamentais na simbologia maçônica.

<u>**Capítulo Oito**</u>
<u>**Abertura da Loja**</u>

Na cerimônia magna que ocorre na Loja, simultaneamente à preparação do candidato pelos Oficiais Ritualísticos Externos, os Oficiais Ritualísticos Internos e os Oficiais Administradores desempenham um trabalho magnífico para recepcionar o candidato prestes a ingressar na cerimônia.

É crucial esclarecer que todos os Oficiais Ritualísticos e o Corpo Administrativo, sem exceção, ensaiaram intensivamente para o evento da iniciação do candidato. A iniciação é uma das celebrações mais significativas, talvez a maior, para a Maçonaria como um todo e para a Loja em particular. Os irmãos exultam de alegria, e a solenidade pode ser comparada à chegada de um novo filho, ou ainda melhor, à chegada do primeiro filho para um casal que aguardava ansiosamente por esse momento.

A iniciação é o momento em que o "velho homem morre", dando lugar ao "novo homem" que nascerá dentro da Sublime Ordem. Os vícios morrem, e as virtudes nascem. Nada, absolutamente nada que tenha sido vivenciado em 62 anos de idade e 40 anos de vida maçônica (idade do autor e tempo de maçonaria) se compara ao momento da iniciação, tão magnífico e sublime. É o momento em que entregamos ao Pai seu mais novo Filho, à Viúva um novo órfão, e celebramos a chegada de mais um Filho na Mansão da Viúva, para compartilhar a alegria de servir à Nobre Arte.

Por isso, os irmãos dedicam vários dias e incontáveis horas para ensaiar cada passo que será dado durante a liturgia da iniciação. Este cuidado meticuloso visa garantir que a cerimônia atinja a excelência e proporcione ao candidato uma experiência única e inesquecível.

Preparativos Anteriores

Enquanto uma equipe se dedica aos ensaios, outras cuidam de diversos aspectos para garantir o sucesso da cerimônia magna. Há uma equipe para o banquete, outra para o altar dos perfumes, outra para o altar dos juramentos, e ainda outra responsável pela limpeza e organização do templo. Irmãos mais experientes são escolhidos para tarefas detalhadas, enquanto os menos experientes trabalham na parte externa, cuidando da recepção e segurança física do local, bem como dos veículos estacionados nas proximidades.

No dia da cerimônia, é comum receber visitantes de outras lojas, inclusive de outras cidades e estados. Os convites são distribuídos antecipadamente, e os visitantes confirmam presença, gerando uma lista com seus dados, como nome, grau, loja, Oriente e função na Maçonaria. Se forem autoridades maçônicas, serão recebidas conforme o Manual de Cerimonial Maçônico.

Uma comissão é encarregada de providenciar os suprimentos necessários para a infraestrutura, como alimentos e água. Geralmente, é oferecido um café da manhã ou break fest na chegada dos convidados, na abertura da sessão ou durante o intervalo. Os candidatos não participam dessa parte do evento, permanecendo na maior parte do tempo dentro da Câmara de Reflexão, sem noção do que ocorre ao redor.

É relevante observar que o número ideal de candidatos não deve ultrapassar três por sessão, para garantir a correta transmissão de todos os ensinamentos. O ritual com o cerimonial litúrgico prevê a iniciação de um único candidato por vez. Participar de uma cerimônia com múltiplos candidatos pode comprometer a qualidade do ritual.

Já tive a oportunidade de participar, como convidado, em uma Loja a qual arregimentou cerca de 20 novos candidatos para uma única cerimônia de iniciação, tinha lá seus motivos e dentre eles a justificativa da urgência da fundação de uma nova loja e que aqueles novos iniciados seriam de grande importância para a dita fundação.

Na minha condição de convidado, visitante, porém sem esquecer do meu Grau 33 que me confere a prerrogativa de Grande Inspetor Litúrgico, ao final da cerimônia agendei uma reunião com o Venerável Mestre e demais autoridades da Loja, onde narrei a minha insatisfação e contrariedade com aquele evento, por vários motivos que não vou entrar em detalhes aqui neste texto.

Eu, particularmente, não faço observações *in loco*, ou seja, no local durante a cerimônia, acho deselegante com o Venerável Mestre, os Oficiais Ritualísticos e para com a Loja como um todo.

A função do Grande Inspetor Litúrgico é observar sessões maçônicas e, se julgar oportuno, tecer comentários in loco ou, posteriormente, por meio de relatório circunstanciado. O Grande Inspetor Litúrgico, ao presenciar uma sessão, pode fornecer feedback e, se necessário, fazer observações e sugestões de correção, sempre com a intenção de manter a qualidade e a ortodoxia maçônica.

Cuidados com o Candidato

É notável a importância de tomar cuidados especiais durante uma sessão magna de iniciação maçônica para preservar a integridade física do candidato. A necessidade de intervenção para evitar acidentes é evidente, como nos casos em que o candidato, vendado, se aproximou de uma escada ou teve seu paletó próximo a uma vela acesa. Experiências como essas ressaltam a importância de precauções adicionais para garantir a segurança do candidato.

O relato de situações em que objetos cortantes e perfurocortantes, como espadas, cutelos, adagas e punhais, são utilizados durante a cerimônia destaca a necessidade de extrema cautela. Qualquer descuido pode resultar em lesões tanto para os membros da equipe quanto para o candidato. Além disso, a atenção especial aos cuidados com fontes de calor, como velas, é destacada para evitar incidentes como incêndios, ressaltando casos reais em que um esquecimento desse tipo teve consequências graves.

Embora acidentes sejam considerados exceções, o texto destaca a importância de seguir uma regra fundamental: ninguém deve sair machucado de uma sessão. Em casos extremos em que um acidente ocorre, é crucial socorrer o candidato prontamente. O acompanhamento a um hospital, se necessário, deve ser feito por um membro do corpo ritualístico, que buscará o juramento do candidato para não divulgar detalhes da cerimônia.

Em situações excepcionais em que acidentes ocorrem, será necessário apurar as responsabilidades e, se for o caso, o Tribunal em Família ou o Tribunal Maçônico tomará conta do caso para distribuir as penas conforme a responsabilidade de cada participante no acidente. Este procedimento visa garantir a integridade do processo maçônico e manter a seriedade das cerimônias.

<u>Capítulo nove</u>
<u>Reflexões na Câmara</u>

As instruções transmitidas ao candidato na Câmara de Reflexões são ricas em simbolismo e têm como objetivo instigar a reflexão profunda sobre valores, propósitos e responsabilidades. As frases proferidas pelos irmãos mais antigos fornecem orientações que ressaltam a seriedade do compromisso maçônico. Cada uma delas possui significados específicos:

1. **"Se a curiosidade aqui te conduz, retira-te."**

- Alerta para a necessidade de um comprometimento sério e a compreensão de que a Maçonaria não é movida por curiosidade, mas por princípios mais elevados.

2. **"Se queres bem empregar a tua vida, pensa na morte."**

- Incentiva a contemplação sobre a finitude da vida e a importância de direcionar esforços para propósitos significativos.

3. **"Se tens receio que descubram os teus defeitos, não estarás bem entre nós."**

- Salienta a transparência e a sinceridade como valores essenciais, pois a Maçonaria valoriza a verdade e a autenticidade.

4. **"Se tens o propósito de auferir lucros materiais na Maçonaria, retira-te."**

- Adverte contra motivações egoístas ou materialistas, reforçando que a busca por riqueza material não é compatível com os princípios maçônicos.

5. **"Se és apegado às distinções humanas, retira-te, pois nós aqui não as conhecemos."**

- Indica que a Maçonaria valoriza a igualdade entre os irmãos, independentemente de status social, econômico ou qualquer distinção mundana.

6. **"Se fores dissimulado, serás descoberto."**

- Reforça a importância da honestidade e adverte que a dissimulação não é tolerada na Maçonaria.

7. **"Se tens medo, não vás adiante."**

- Reconhece a coragem como uma qualidade necessária para seguir adiante no caminho maçônico, enfrentando desafios e aprendendo com eles.

8. **"Deus julga os justos e os pecadores."**

- Ressalta a dimensão espiritual e moral da jornada maçônica, lembrando que a responsabilidade perante Deus é fundamental.

9. **"Somos pó e ao pó tornaremos."**

- Uma referência à transitoriedade da vida humana e a importância de manter a humildade diante da finitude.

As perguntas finais são direcionadas a elucidar os princípios éticos e morais do candidato, buscando compreender suas visões sobre deveres fundamentais:

- **Quais são os vossos deveres para com Deus?**

- **Quais são os vossos deveres para com a Humanidade?**

- **Quais são os vossos deveres para com a Pátria?**

- **Quais são os vossos deveres para com a Família?**

- **Quais são os vossos deveres para com o próximo?**

- **Quais são os vossos deveres para convosco?**

Essas questões visam avaliar a consciência do candidato em relação aos princípios éticos e morais que orientam a conduta maçônica e são essenciais para a integração na comunidade maçônica.

Capítulo dez
A Mãe Terra

A descrição da cerimônia continua a destacar aspectos simbólicos e iniciáticos da jornada do candidato na Maçonaria. Vamos prosseguir com a narrativa:

Após emergir da Câmara de Reflexões, o candidato é retirado flexionado, representando respeito e humildade, qualidades valorizadas na Maçonaria. Ao passar pelo umbral que separa a Câmara da Loja, o candidato rompe uma película resistente, simbolizando seu nascimento para o mundo maçônico. Essa transição é repleta de simbolismos, marcando a entrada do iniciado em um novo estágio de sua jornada.

A Câmara de Reflexão, além de seus significados anteriores, ganha agora a representação simbólica de uma mãe que dá à luz. Essa mãe pode ser tanto a biológica quanto a afetiva, mas ela simboliza uma figura maternal especial, a "mãe-terra". A câmara, como um atanor (forno dos alquimistas), representou o útero que abrigou o iniciado por um período, culminando no seu nascimento como um novo homem.

Ao sair desse ambiente protetor, o candidato, ainda vendado e atordoado, inicia sua jornada na Loja. Ele é lançado em um mundo desconhecido, ouvindo vozes de estranhos e recebendo várias ordens. Nesse momento, ele experimenta a frustração do nascimento, sendo jogado em um ambiente estranho, sem compreender totalmente o que está acontecendo.

Durante suas viagens na Loja, o candidato é exposto a uma série de ruídos simbólicos. Ele ouve os sons da pré-história do planeta, as guerras da Idade Média, a chuva, trovoadas e tempestades que marcaram a formação da Terra. Os passos marchantes ao seu redor representam amigos e inimigos que se aproximam, simbolizando os desafios e as influências que o cercarão ao longo da vida.

Empurrado de um lado para o outro, o candidato enfrenta a possibilidade de cair em um "poço profundo". No entanto, a "mão amiga da Maçonaria" o ampara e o salva dos inimigos que tentam desviá-lo do caminho justo. Esses inimigos representam as tentações e distrações que podem afastar o iniciado do caminho ético e moral que a Maçonaria busca ensinar.

A narrativa continua a explorar a jornada do candidato na cerimônia de iniciação, destacando a riqueza simbólica presente em cada elemento e passo do ritual maçônico.

As Viagens

As viagens pelos elementos da natureza e as provas.

Nesta cerimônia, a "viagem" é um ritual pelo qual o candidato atravessa, apoiado pelo Irmão Experto, enquanto é atentamente vigiado pelo "guardião do caminho". Essa jornada envolve percorrer um trajeto pré-determinado dentro do templo, seguindo as direções dos quatro pontos cardeais. Durante essa caminhada, o candidato é submetido às "provas da viagem", passando pelos quatro elementos da natureza. (não confundir com elementais)

Elemento Terra:

O primeiro elemento a ser enfrentado é a Terra, que já foi submetido à prova quando o candidato estava na Câmara de Reflexão. Representa o amparo ao candidato, simbolizando o útero da mãe-terra. Dentro da terra, ele era uma semente plantada por seu padrinho, o responsável por guiá-lo até a Maçonaria. É uma fase de proteção e preparação, onde o candidato se sente seguro, como em um útero simbólico.

A Câmara de Reflexão é, portanto, um ambiente de gestação, incubação e formação, onde o candidato se esconde, depositando a pedra bruta para recuperá-la quando estiver pronto para a viagem de volta ao centro da terra. É um renascimento simbólico, onde o candidato emerge do útero da terra para a Loja, ainda vendado, atordoado e desconhecendo o que está por vir.

A Terra, neste contexto, é vista como a base de tudo, alicerce da vida, o local onde o candidato é plantado para crescer e evoluir na jornada maçônica.

A narrativa continua a explorar os elementos da natureza e as provas associadas, destacando o simbolismo profundo presente nessa cerimônia maçônica.

Terra: A viagem por este elemento aconteceu durante o tempo todo em que o candidato esteve internado na Câmara de Reflexão, conforme explicado nos parágrafos acima. Ela simboliza o amparo ao candidato que chegou do mundo exterior ou de uma outra dimensão, mais sofrida.

Durante toda a permanência na Câmara de Reflexão, o candidato simbolicamente passa pela prova associada ao elemento Terra. Representa o amparo ao candidato que chega do mundo exterior, sendo uma semente plantada no útero da mãe-terra. Dentro da terra, o candidato se sente seguro, protegido contra os perigos externos. A terra é a base de tudo, o alicerce da vida, e durante a iniciação, o candidato vivencia as potencialidades desse elemento.

Ao mesmo tempo em que se sente ameaçado, estando sem luz, sente-se seguro no útero da mãe-terra que o protege contra os perigos do exterior.

A mãe-terra é um esconderijo dentro de si. Lá ele, o candidato, esconderá a pedra bruta para ir buscá-la quando estiver pronto para fazer a viagem de volta ao centro da terra.

É um escudo protetor. Uma Câmara incubadora. Um formo no sentido de aquecer bem como de preparar aquilo que crescerá com o fermento adicionado pelas mãos do Grande Arquiteto do Universo.

É uma cova pela qual se entra morto e enterrado para sair vivo, novíssimo, ou como dizem alguns, ressuscitado e, nesse caso, o candidato imita a Fênix, ave mitológica dos gregos que ao final do dia se transformava em pássaro de fogo para renascer das próprias cinzas na manhã do dia seguinte.

A terra, elemento, é a base de tudo, base para nossos pés, alicerce da nossa vida, é a porção seca, separada da água, outro elemento, que representa em tudo a criação divina e misteriosa do universo.

Muitos candidatos que passam pela prova da terra durante a iniciação acabam não percebendo tudo isso, não entendem que estão passando uma prova e que estão vivenciando as potencialidades do "elemento terra". Reputo tal falta de percepção à equipe ritualística e principalmente ao Venerável Mestre que não preparou corretamente os seus oficiais para que instruíssem, o candidato dentro da Câmara de Reflexão.

No Zodíaco da Loja, este elemento se expressa através dos signos de Touro, Virgem e Capricórnio.

Água: Fonte da vida. Motivo que levou o povo sumério para a região do Antigo Egito onde o Rio Nilo (Big River) proporcionava que vida fosse estabelecida de um modo sedentário, onde o "homem criava raízes", tudo devido as águas bondosas daquele maravilhoso e sagrado rio com suas cheias periódicas e previsíveis que davam maior estabilidade e segurança para toda aquela população que ali se aglomerava.

Em seu calendário, os egípcios distinguiam as épocas da cheia na qual o rio deixava o solo fértil e logo em seguida quando se retirava para a sua margem normalmente era época da semeadura; após o período da colheita, satisfeitas as necessidades daqueles agricultores e de todo o povo que dependia exclusivamente do resultado do plantio, tinha início o período de festas no qual celebravam em homenagem a todos os seus deuses, bem como ao Sol, a Lua, as Estrelas e a tudo aquilo que pudesse ser criado pela imaginação de um povo e transformado em festa, em comemoração.

Para que possamos ter uma ideia de como era aquele período, podemos imaginar como se fosse nos dias de hoje os nossos meses de férias, no período de verão, que atualmente duram cerca de dois meses no máximo, mas naquela época no Egito chegavam a quatro meses, portanto podemos compreender que se tratava de um povo que sabia distribuir muito bem o período de trabalho (preparar a terra, plantar e colher) e o período de descanso para contemplar a vida.

A água é, sem dúvida alguma, um dos elementos mais antigos que temos em nosso planeta e, possivelmente, o único que seja alienígena. Existem estudos atualmente para comprovar que a água não era originária da terra, mas sim, foi trazida até nós do espaço sideral, transportada por cometas e outros asteroides que ao se chocarem com nosso planeta derramou a essência vital que se tornaria o berço de toda a vida naquilo que chamamos de Planeta Terra.

Você, caro leitor, já parou para pensar que, essa água que está no planeta hoje, tanto a dos oceanos, dos rios, quanto aquela que bebemos, certamente é a mesma desde quando o planeta se formou? Isso significa que ela tem 4,5 bilhões de anos. Pense nisso quando for tomar seu próximo copo de água.

Nas cerimônias, tanto religiosas quanto místicas, ela é utilizada para a purificação tanto do candidato, do neófito, quanto do sacerdote.

No interior de uma Loja Maçônica existe um recipiente denominado "Mar de Bronze" que permanece cheio de água o tempo todo e tem essas funções que mencionei acima, além de outras, que não posso comentar.

Nessa viagem, o candidato se depara com a "prova da água" e em alguns ritos ela é espargida sobre ele enquanto em outros ritos suas mãos são mergulhadas no Mar de Bronze, tanto em uma quanto na outra existe uma situação que ocorre naquele momento e que faz parte dos segredos maçônicos, portanto não pode ser revelado.

Signos deste elemento: Câncer, Escorpião e Peixes;

Fogo: O elemento que tudo renova. INRI.

Uma antiga máxima hermética "Igne Natura Renovatur Integra!" (O fogo renova a natureza inteira!)

INRI
I, de Iammim = água; N, de Nur = fogo; R, de Ruahar = ar; e I, de Iabaschah = terra.

Essa é, sem sombra de dúvida, a prova que mais intimida o candidato. Acontece na terceira viagem, logo após a Prova da Água, justamente para que o candidato sinta a força da oposição dessas energias (água pode apagar o fogo) e desperte no seu subconsciente os arquétipos relacionados a esses dois elementos.

Uma parte do discurso do Venerável Mestre durante a Prova do Fogo pode ajudar a compreender a grandeza dessa prova:

Voltando para o significado desse elemento, representa a chama ardente, a procura de conhecimento filosófico, que nunca deverá ser apagada, pois o verdadeiro maçom é aquele que mantém a sua chama acesa na busca da verdade.

A totalidade dos maçons tem-no como elemento que faz queimar todo o resíduo possível de impureza, destruindo, ao mesmo tempo, todos os traços de ilusão que porventura continue dominando o espírito na sua trajetória de evolução. Segundo a fábula, foi Prometheu (deus grego), conhecido como o Génio do Fogo, quem ensinou aos homens o manejo das chamas.

As chamas simbolizam a parte positiva como as aspirações, o zelo, o fervor, a fé e, sobretudo, o desejo de evoluir, conhecer e crescer. A Água purifica a Alma, mas o Fogo destrói as nódoas do vício. No zodíaco da Loja este elemento está representado através dos signos Aries, Leão e Sagitário.

Ar: A quarta viagem, com o seu ruído e os seus trovões, representa o segundo elemento, o AR, com suas contínuas flutuações, é o emblema da vida, sujeita a contraditórias variações. O AR é o símbolo da vitalidade ou da Vida, é um emblema natural e próprio da vida humana, com as suas correntes, agitações e estagnações, o seu cansaço e energias, as suas tempestades e calmarias e as suas perturbações e equilíbrios.

Esta Viagem representa também, o progresso de um povo. O progresso é a via geral da humanidade, é o seu avançar coletivo. Ela encontra atrasos e obstáculos, tem as suas estações e as suas noites, mas sabe vencer todos as dificuldades e tem o seu despertar.

O ar é um dos quatro elementos, representa o mundo intermediário entre o céu e a terra, sendo ativo e masculino, segundo as cosmogonias tradicionais. O fogo também é um elemento ativo e masculino, já a terra e a água são passivas e femininas.

<u>Capítulo Onze</u>
<u>Recebendo a Verdadeira Luz</u>

Após a conclusão da etapa das viagens, o candidato, ainda vendado, é conduzido ao Oriente, onde um grupo de irmãos o aguarda com espadas em punho. As lâminas rodeiam o corpo do candidato, criando uma proximidade ameaçadora e provocando novamente o medo do desconhecido.

O Venerável Mestre pronuncia uma fórmula antiga, enfatizando que as espadas próximas ao corpo do candidato simbolizam a constante vigilância dos maçons em todos os lugares, prontos para puni-lo caso traia o segredo da ordem. Essa demonstração é uma representação simbólica do compromisso e responsabilidade que os maçons têm uns com os outros.

Após essa fase, o Venerável Mestre interrompe a fala e as espadas são afastadas. Ele anuncia a tão esperada hora do renascimento do candidato. Esteve no escuro o tempo todo, representando o período dentro do útero, e agora está prestes a ganhar a luz, não a luz do mundo, mas uma das primeiras revelações místicas da Maçonaria.

O Venerável Mestre pronuncia a frase "Fiat Lux" (faça-se a Luz) seguida em coro uníssono pelos presentes. A venda é retirada dos olhos do candidato, revelando a Verdadeira Luz da Maçonaria. Esse momento surpreendente pode causar um choque inicial e variadas reações nos candidatos. Alguns podem sentir alívio, enquanto outros podem experimentar apreensão devido ao impacto da revelação do primeiro segredo maçônico.

Esse momento é crucial na cerimônia, representando a transição do candidato de um estado de escuridão para a iluminação, simbolizando o renascimento e a busca pela verdade na jornada maçônica.

Um Por Todos Por Um

Logo após a etapa em que as espadas apontavam para o candidato de maneira intimidante, os irmãos, armados com suas lâminas, alteram sua postura. Agora, em vez de ameaçar, eles apontam as espadas para o alto e, em seguida, assumem a posição de "em guarda". O Venerável Mestre explica ao candidato que as lâminas, que antes pareciam prontas para perfurar seu peito, estão ali para protegê-lo. Ele enfatiza que sempre que o candidato precisar, um irmão estará disposto a usar todas as armas disponíveis para defendê-lo contra qualquer adversidade.

Esse momento simboliza a verdadeira natureza da Maçonaria, revelando ao candidato a solidariedade e a proteção oferecidas pela irmandade. O candidato percebe que sua vida está prestes a mudar de maneira significativa, sentindo a segurança e o apoio de uma verdadeira fraternidade ao seu redor. Ele compreende que não estará mais sozinho na jornada da vida e que agora conta com uma nova família de irmãos verdadeiros, unidos por um laço de comprometimento e um juramento inquebrável: dar a vida pela vida do irmão, se necessário.

Os irmãos ainda mantêm suas máscaras, ocultando suas faces do candidato até que ele preste o solene e sagrado "juramento de silêncio". Esse juramento representa um compromisso profundo e é um momento crucial na iniciação maçônica, simbolizando a confiança e a lealdade que os membros juram uns aos outros dentro da irmandade maçônica.

<u>**Capitulo 12**</u>
<u>**Recomposição das Vestes do Candidato**</u>

Após ter passado pelas intensas etapas das viagens e provas, durante as quai enfrentou seus maiores medos interiores e participou do psicodrama ancestral que se perpetuo por milênios em diversas civilizações, o candidato aprovado agora está preparado para próxima fase de sua iniciação maçônica.

Neste momento, os oficiais ritualísticos conduzem o candidato a um loca apropriado onde suas vestes serão recompostas. Vale ressaltar que o candidato estav inicialmente em uma condição especial de vestimenta, conhecida como "nem nu e nen vestido". Agora, a situação é revertida, e suas roupas serão restabelecidas, retornando ao tern preto e à vestimenta que utilizava antes do início da cerimônia.

Os calçados são devolvidos, a camisa é ajustada para dentro da calça, as barra da calça são arrumadas e a gravata é restituída, entre outros detalhes. Essa recomposição da vestes simboliza não apenas uma transformação física, mas também representa a transição d candidato para o status de maçom digno. A vestimenta agora reflete não apenas a aparênci exterior, mas também a postura interior e a prontidão para a jornada maçônica que se desdobrar diante dele; será maçom 24 horas por dia, sete dias por semana e viverá a maçonaria pelo rest da sua vida.

CAPITULO 13
Juramento

Juramento de Silêncio e Cerimônia de Admissão ao Novo Maçom:

Devidamente recomposto em suas vestes, o candidato está agora preparado para a fase culminante de sua iniciação maçônica. Ele é conduzido ao Oriente da Loja, onde se encontrará novamente com o Venerável Mestre para um momento solene diante do Altar da Verdadeira Luz.

Auxiliado por dois oficiais ritualísticos, um de cada lado, o candidato é posicionado para ajoelhar-se diante do Altar. Neste momento, é pronunciada a fórmula do juramento, que o candidato repete em todos os detalhes. Ele promete sacrificar a própria vida antes de trair os sagrados segredos da maçonaria, expressando assim seu comprometimento inabalável com os princípios e valores da Ordem.

O Venerável Mestre, empunhando a Espada de Fogo, aproxima-a da cabeça e dos ombros do candidato, mas sem permitir que a lâmina incandescente toque nele. Com o malhete em mãos, o Venerável Mestre sacramenta o juramento, batendo com força na lâmina da espada. Este gesto simbólico cria uma imagem dramática, tirando lascas de fogo e, de certa forma, representando o nascimento do novo maçom.

Este momento é de grande significado, marcando a transição do candidato para a irmandade maçônica, onde ele se compromete a preservar os mistérios e a ética da Maçonaria. A cerimônia não apenas simboliza a aceitação do candidato na Ordem, mas também destaca a importância do silêncio e da lealdade como pilares fundamentais na jornada maçônica. O então candidato, agora já maçom, é levantado da sua posição apoiado pelos irmãos que estavam ao seu lado o tempo todo e ao ficar em pé nota que todos retiram suas máscaras uma vez que estão seguros devido ao juramento prestado, e o novo maçom reconhece em seus maios novos irmãos as faces de pessoas com as quais se depara e se relaciona no seu dia a dia, que ocupam as mais diversas posições na sociedade onde vive, de alguns ele já desconfiava que fossem maçons, mas de outros nunca nem suspeitou.

E, todas aquelas pessoas ali reunidas, as quais sabem serem pessoas de bem, estão ali por um único motivo: o nascimento de um novo maçom. Neste momento o novo irmão, com seus sentimentos todos "a flor da pele" geralmente não segura o choro e a emoção vem a tona. Um dos momentos mais altos do psicodrama e que será inesquecível, marcado de forma indelével na mente e no coração que o acompanharão pelo resto da sua vida e talvez até mesmo em outras possíveis futuras vidas.

Capítulo 14
Paramentos – Entrega

Entrega dos Paramentos ao Novo Aprendiz:

Dentro dos costumes maçônicos, um dos rituais mais antigos e significativos é a entrega dos paramentos ao novo aprendiz. Os paramentos, no contexto maçônico, referem-se a um conjunto de roupas ou uniforme específico usado por todos os maçons. No grau de aprendiz, esse conjunto consiste principalmente em um avental branco e um par de luvas, embora haja variações possíveis.

O avental branco é um símbolo fundamental na Maçonaria e representa a pureza, a inocência e o trabalho árduo. Ele é usado sobre o terno ou traje civil durante as reuniões maçônicas e serve como um lembrete constante dos valores e compromissos assumidos pelo maçom. O avental é muitas vezes adornado com símbolos e emblemas que têm significados específicos dentro da tradição maçônica.

As luvas, por sua vez, também têm um simbolismo profundo. Elas representam a pureza de intenção e a retidão moral que se espera de um maçom. Além disso, as luvas destacam a ideia de que as mãos do maçom devem estar sempre prontas para realizar boas ações, ajudar os necessitados e contribuir para o bem-estar da humanidade.

A entrega dos paramentos é um momento cerimonial durante o qual o novo aprendiz recebe esses itens simbólicos das mãos de irmãos mais experientes. Esse gesto não apenas marca a transição do candidato para a irmandade maçônica, mas também destaca a importância dos princípios maçônicos em sua jornada. A responsabilidade e o compromisso associados ao uso desses paramentos são lembrados a cada vez que o maçom participa de uma reunião ou cerimônia maçônica. Essa tradição, profundamente enraizada na história da Maçonaria, contribui para a continuidade e a preservação dos valores maçônicos ao longo das gerações.

Luvas

A tradição maçônica de entregar luvas durante a cerimônia de iniciação, especialmente para o aprendiz, carrega significados simbólicos profundos. Aqui estão alguns aspectos e simbolismos associados a essa prática:

1. **Dois Pares de Luvas:**

   - Um par para o aprendiz.

   - Outro par para a mulher que ele mais ama, respeita e que teve uma influência significativa em sua vida.

2. **Simbolismo das Luvas para o Aprendiz:**

   - Representa a pureza das mãos do aprendiz, destacando sua abstenção de envolvimento em atividades criminosas.

   - Demonstra a limpeza das mãos, que não estão manchadas com dinheiro de corrupção.

3. **Significado ao Entregar para a Mulher Amada:**

   - Símbolo de respeito que o maçom tem por sua esposa, mãe ou outra mulher de influência positiva em sua vida.

   - A mulher é instruída a usar as luvas em caso de emergência, identificando-a como a esposa ou mãe de um maçom, o que garantirá ajuda imediata por parte de outros maçons.

4. **Uso de Luvas pelo Aprendiz em Loja:**

   - Protege as mãos durante o trabalho simbólico de "desbastar a pedra bruta".

   - Remonta à tradição dos "pedreiros livres" que usavam luvas durante o trabalho no canteiro de obras.

5. **Variações nos Ritos Maçônicos:**

- Em alguns ritos, como o egípcio, pode haver variações na prática, com o aprendiz recebendo apenas um par de luvas para uso em loja.

6. **Obrigação de Uso para Companheiros e Mestres:**

- Em alguns ritos, o uso de luvas pode ser obrigatório para todos os maçons, independentemente do grau.

7. **Calçamento Imediato das Luvas:**

- Uma vez entregues, o aprendiz é instruído a calçar imediatamente as luvas, com a assistência dos oficiais responsáveis por sua compostura de vestes.

A entrega de luvas durante a iniciação é um ato carregado de simbolismo, destacando a importância da pureza, do respeito e da proteção dentro da irmandade maçônica. Esses rituais e práticas são fundamentais para transmitir os valores e princípios maçônicos ao longo das gerações.

Avental

A tradição maçônica atribui grande importância ao avental e ao modo correto de vesti-lo. Aqui estão alguns pontos-chave e simbolismos associados ao avental usado pelo aprendiz maçom:

1. **Formato do Avental:**

- O avental tem a forma de um triângulo isósceles, com dois lados iguais e uma base que se assenta sobre um quadrado.

2. **Vestimenta em Loja:**

- Deve ser utilizado sempre que o aprendiz estiver em loja, durante as reuniões e cerimônias maçônicas.

3. **Modo Correto de Vestir:**

- O vértice superior do triângulo deve ficar para cima, cobrindo a região da barriga, especialmente o plexo solar.

- Ao contrário dos aventais convencionais, o avental maçônico divide o corpo do aprendiz ao meio.

4. **Simbolismo da Vestimenta:**

- Representa a pureza, limpeza, inocência e candura do aprendiz.

- A parte triangular, chamada de abeta, permanece aberta para proteger a região da barriga das possíveis lascas da Pedra Bruta no momento do desbaste.

5. **Proteção do Plexo Solar:**

- A posição levantada da abeta também tem uma interpretação mística e esotérica, visando proteger o plexo solar, especialmente importante para um aprendiz recém-chegado que ainda não frequentou reuniões.

6. **Uso em Loja e Desbaste da Pedra Bruta:**

- O aprendiz estará sempre vestido com seu avental durante as reuniões.

- Durante o desbaste da Pedra Bruta, a abeta levantada oferece proteção física e simbólica.

7. **Conservação e Transporte:**

- Tanto o avental quanto as luvas devem ser mantidos limpos e transportados em bolsas ou malas adequadas.

- Bolsas porta-paramentos são recomendadas para manter o material limpo e sem amassados.

O avental, assim como as luvas, é uma peça central nas vestimentas maçônicas, carregando consigo uma rica simbologia que reflete os princípios e valores da maçonaria.

Balandrau

O "Balandrau" é uma vestimenta maçônica que descreveste detalhadamente. Aqui estão alguns pontos-chave sobre essa peça de vestuário:

1. **Definição:**

- O Balandrau é um traje maçônico todo negro, semelhante a um grande manto.

- Ele cobre da cabeça aos pés e pode ser fechado na frente por botões, zíper ou velcro.

- Pode ou não incluir um capuz que cobre a cabeça até a altura dos olhos.

2. **Substituto do Terno:**

- Pode ser utilizado como substituto do terno preto em algumas situações maçônicas.

3. **Armazenamento em Loja:**

- Algumas lojas mantêm o Balandrau guardado em armários ou cabides para que os obreiros possam utilizá-lo ao chegar em loja.

4. **Convenções do Uso:**

- Geralmente, os obreiros são orientados pelo Venerável Mestre a utilizar o Balandrau sobre a roupa do dia a dia.

- Deve ser usado em conjunto com o avental e as luvas.

5. **Uso em Cerimônias Magnas:**

- Em alguns ritos, o Balandrau é reservado para cerimônias magnas, como iniciações, elevações e exaltações, devido ao seu caráter totalmente negro.

6. **Uso em Câmara do Meio:**

- Em certas lojas, o Balandrau pode ser utilizado na "Câmara do Meio", especialmente durante reuniões dos mestres, simbolizando um estado de eterno luto.

7. **Entrega para Aprendizes:**

- Se for utilizado na loja e no grau de aprendiz, o Balandrau pode ser entregue ao novo aprendiz no momento em que ele recebe seus paramentos.

O Balandrau, com seu caráter solene e todo negro, contribui para a atmosfera cerimonial e simbólica dentro da maçonaria, refletindo o respeito pelas tradições e rituais maçônicos.

Capítulo 15
Sinais Toques e Palavras

Entendo que a identificação maçônica envolve elementos específicos, como sinais, toques, palavras e até mesmo uma Palavra Semestral distribuída apenas entre os irmãos regulares e frequentes nas sessões da loja. É um sistema de segredos compartilhados entre os membros da maçonaria para garantir a autenticidade e a segurança dentro da ordem.

Destaco a importância desses mecanismos de identificação para distinguir verdadeiros maçons de possíveis impostores. Esses elementos são transmitidos durante a iniciação e, são reconhecidos independentemente do idioma ou do país, proporcionando uma forma universal de identificação entre os membros da maçonaria.

Além disso, a capacidade de reconhecer um irmão maçom ao simples olhar, sem a necessidade de palavras ou sinais explícitos, enfatiza a conexão especial e a confiança mútua que os membros compartilham dentro da fraternidade.

Os toques corporais, que são dados em várias partes do corpo e não somente nas mãos, também necessitam de complemento e uma vez que um maçom é tocado por outro exigira um outro toque e retribuirá com uma palavra que necessita de uma outra palavra e assim por diante. É uma forma complexa de identificação só aprendida e compreendida pelo verdadeiro maçom que tenha sido realmente iniciado em uma loja regular de forma presencial.

Sinais são uma forma muito discreta de identificação em público que passa desapercebida por quem não é iniciado na maçonaria. Sinais são disparados à distância de um lado a outro de uma rua, no meio da multidão, em uma reunião ou onde quer que o maçom se encontre. Ao disparar um sinal ele certamente encontrará uma resposta, isso é, caso exista naquele ambiente outro maçom. Através dos sinais o irmão poderá tanto cumprimentar outro maçom quanto pedir socorro em caso de emergência.

Marcha do Aprendiz

Faz parte da liturgia maçônica. O maçom sempre que adentrar a Loja o fará por passos misteriosos aos quais denominamos marcha. Cada um dos graus dentro da maçonaria possui uma marcha correspondente, uma coreografia simbólica que ecoa no ritual.

Assim como um exército desenvolve uma marcha quando se prepara para a guerra, o maçom adentra a Loja com sua própria marcha, partindo de um lugar e indo em direção a outro, sempre com um objetivo definido. O lugar de partida é o Ocidente da Loja, e o destino é o Oriente, simbolizando o progresso em busca da luz.

A marcha é o ponto de partida para a deambulação, um termo maçônico que, diferentemente da interpretação encontrada no dicionário, representa o movimento deliberado de andar em círculos pela loja. Esse ato é realizado de maneira marcial, com um propósito específico, exigindo atitude e postura correta por parte do maçom.

Através da marcha, e somente por meio dela, o maçom pode partir do Ocidente, atravessar o Norte, passar pelo Oriente e finalmente chegar ao Sul. Essa forma de caminhar é a única possibilidade que ele tem para alcançar a coluna onde tomará assento, seguindo os princípios simbólicos e os ritos maçônicos que permeiam a jornada do aprendizado.

Capítulo 16
Primeiro Trabalho: A Pedra Bruta

A Pedra Bruta é um símbolo central na jornada maçônica do Aprendiz. Neste estágio, ele se depara pela primeira vez com a máxima socrática: "Conhece-te a ti mesmo". Este trabalho não apenas representa uma fase importante, mas é também um compromisso que se estende para além do mero "aumento de salário".

O Aprendiz é incumbido de lidar com a Pedra Bruta, uma representação simbólica da sua própria natureza não lapidada, cheia de imperfeições e potenciais a serem explorados. É um convite para a reflexão, autoconhecimento e autotransformação.

À medida que progride em sua jornada, o Companheiro passará a trabalhar com a Pedra Cúbica ou Polida. Esta transição simboliza o refinamento e a evolução do maçom, que agora busca aperfeiçoar suas habilidades e conhecimentos adquiridos durante a fase da Pedra Bruta.

O Mestre, por sua vez, assume a responsabilidade não apenas de trabalhar em sua própria Pedra, mas também de auxiliar o Companheiro com a Pedra Polida e o Aprendiz com a Pedra Bruta. Este ciclo contínuo de aprendizado, mentoramento e autodescoberta é fundamental para o crescimento e a contribuição de cada maçom para a construção do templo interior e coletivo.

Maço e Cinzel

O momento em que o Aprendiz é conduzido pelo Irmão Mestre de Cerimônias até o local de seu primeiro trabalho em loja é marcante. Nesse cenário, ele se depara com a Pedra Bruta e recebe em suas mãos duas ferramentas essenciais: o maço e o cinzel.

O maço, segurado pela mão direita, representa a força. É uma ferramenta de impacto, símbolo da potência bruta que deve ser aplicada na jornada maçônica. Por outro lado, o cinzel, na mão esquerda, é a representação do cuidado nos detalhes, do refinamento e dos entalhes precisos.

A dinâmica entre o maço e o cinzel é emblemática na arte de trabalhar a Pedra Bruta. O maço, como instrumento de força, deve ser usado com consciência, evitando excessos. O cinzel, como moderador, atua nos detalhes e entalhes, conferindo um toque de precisão ao trabalho do Aprendiz.

Essas ferramentas não são apenas instrumentos físicos, mas também metáforas que orientam o maçom na busca pelo equilíbrio entre a força e a sutileza, entre a transformação bruta e a refinada, culminando na lapidação da própria essência ao longo da jornada maçônica.

A Pedra Bruta, como um elemento permanente na Loja, representa mais do que um simples objeto físico. Seu formato irregular simboliza a essência crua que será moldada e trabalhada pelo Aprendiz ao longo dos três anos dedicados à compreensão dos segredos da Arte Real correspondentes ao seu grau.

O processo de encontrar a Pedra Bruta invisível transcende a dimensão física; é uma jornada profunda ao interior, ao centro da terra, ao âmago de cada maçom. Essa busca não se limita à viagem, mas exige a retificação da personalidade, um mergulho nas próprias profundezas.

A expressão "VITRIOL" (ou V.I.T.R.I.O.L.), derivada do latim "Visita Interiora Terrae, Rectificando, Invenies Occultum Lapidem", carrega consigo a mensagem significativa: "Visita o Centro da Terra, Retificando-te, encontrarás a Pedra Oculta." Essa fórmula revela que a verdadeira descoberta da Pedra Bruta só é possível após o maçom ter retificado sua própria essência.

Encontrar a Pedra Bruta é apenas o começo; o trabalho subsequente envolve o delicado processo de aparar suas arestas. Essa jornada interior destaca a importância da mudança e do progresso, pois, sem transformação pessoal, a lapidação da Pedra Bruta permanece inalcançável.

Capítulo 17
Encerramento dos Trabalhos

O encerramento dos trabalhos em loja é uma etapa vital, guiada pelo desejo e autorização do Venerável Mestre. Este momento é marcado por uma cerimônia oficial e solene, na qual o que foi realizado durante a sessão é desfeito por meio de um ritual e uma fórmula aplicada às avessas. Essa prática visa garantir que profanos não tenham acesso aos segredos maçônicos, mesmo que consigam adentrar furtivamente ao templo após a cerimônia. Dessa forma, nada revelador será encontrado, preservando o caráter reservado e sagrado dos rituais maçônicos.

Ao término dos trabalhos, todos os irmãos recebem uma advertência sobre a importância do juramento de manter em segredo tudo o que foi presenciado ou ouvido durante a sessão. A quebra do sigilo maçônico é destacada, enfatizando as consequências que recairão sobre aquele que se tornar um perjuro. Essa advertência serve como lembrete da responsabilidade e comprometimento que cada maçom possui em relação aos princípios e mistérios da Ordem.

,

Capítulo 18
A Apresentação Das Pranchas

Todo Aprendiz maçom, obrigatoriamente, receberá pelo menos cinco instruções, sendo crucial que compreenda cada uma delas em profundidade. A Maçonaria emprega um método de instrução abrangente, utilizando Meios Auxiliares de Instrução (MAI), como recursos visuais, auditivos, audiovisuais, múltiplos e técnicas para a confecção de recursos. A fixação do aprendizado ocorre por meio de estudo individual, estudo em grupo, apresentação de trabalhos conhecidos como "pranchas" e execução prática, quando aplicável.

Algumas dessas instruções devem ser memorizadas, mas apenas após uma completa compreensão. Ao expor o conhecimento adquirido, o Aprendiz pode, em alguns casos, expressar-se com suas próprias palavras, assegurando que, ao final da explicação, a instrução seja transmitida de maneira precisa.

A avaliação do aprendizado atinge seu ápice em dois momentos: durante a apresentação da prancha em Loja, que é um trabalho escrito, e durante a sabatina para o "aumento de salário", que determinará se o Aprendiz poderá avançar para o Grau de Companheiro.

A apresentação da prancha ocorre em uma Sessão Ordinária da Loja, sendo esse um momento especial dentro do andamento da sessão. A leitura e interpretação da prancha, realizada "entre colunas", é seguida pela abertura para perguntas e elogios por parte dos demais membros da Loja. Este momento é conhecido como "quarto de hora de estudos", um período dedicado às instruções, que, em nossas Lojas, muitas vezes ultrapassa os quinze minutos, refletindo o profundo interesse e dedicação dos membros aos estudos maçônicos.

Resumidamente, as "Cinco Instruções do Aprendiz" abordam temas e simbologias encontradas dentro do Templo Maçônico, desde o Painel do Grau até a Simbologia dos Números. Estas instruções formam a base do conhecimento maçônico básico. Vale ressaltar que existem instruções reservadas, transmitidas de "boca ao ouvido" durante as sessões da Loja, consideradas "segredos maçônicos". Estas instruções não estão disponíveis online, e interessados em conhecê-las devem buscar ingressar em uma Loja maçônica. Para mais informações sobre a Maçonaria Egípcia praticada na GLOMEB, é possível contatar uma das Lojas através do site oficial (www.glomeb.com.br) ou pelos dados de contato do autor, disponíveis no final deste livro.

Introdução das Instruções

Para que o Aprendiz adquira conhecimentos maçônicos que lhe darão o direito a aumento de salário, deve receber, pelo menos, CINCO instruções em sessões separadas e que a Loja é obrigada a realizar.

Quando, em uma sessão, não houver iniciação a fazer, o Ven∴ Mest∴ ocupará o tempo a ela destinado, em instrução dos Aprendizes e, mesmo que não haja irmãos Aprendizes, falar-se-á para recapitulação, pois as instruções prestam-se ao recordar dos ensinamentos e das finalidades da Maçonaria e do Rit∴ Esc∴Ant∴ e Ac∴. Não se devendo fazer Maçonaria somente no interior das Lojas, porque todos os membros de uma Loja devem procurar, quanto possível, compreender a vantagem desses ensinamentos, assimilando-os para que tenham em mente o dever de pautarem seus atos individuais de *todos os dias* por esse rico e antiquíssimo manancial de Sabedoria.

Capítulo 19
Primeira Instrução

Explicação do Painel da Loja de Aprendiz

Ven∴ - (*) Meus IIr∴, de acordo com os preceitos que nos rege, vamos proceder à primeira instrução destinada especialmente ao nosso Ir∴ Aprendiz F.............................; (caso não haja Aprendiz) destinada a recordar nossos ensinamentos.

Ven∴ - Meus IIr∴, a Maçonaria teve sua origem nas antigas Fraternidades Iniciáticas do Egito, das quais recebeu a sua tradição, que guarda intacta, com o maior cuidado, a fim de pode-la transmitir aos seus Iniciados.

Do mesmo modo que os antigos filósofos egípcios que, a fim de subtrair aos olhos dos profanos os seus segredos e mistérios, ministravam seu ensino por meio de emblemas e alegorias, a Maçonaria continua a tradição egípcia, encerrando hoje seus ensinamentos e filosofia em símbolos e alegorias, pelos quais oculta as suas verdades ao mundo profano, só as revelando a aqueles que ingressam nos seus Templos.

Sendo o primeiro grau o alicerce da filosofia simbólica, resumindo ele toda a moral maçônica, pelo aperfeiçoamento humano, compete ao Aprendiz Maçom o trabalho de desbastar a *pedra bruta*, isto é, desvencilhar-se dos defeitos e paixões profanas, para poder concorrer à construção Moral da Humanidade, que é a verdadeira obra da Maçonaria.

Vamos dar hoje ao os nossos IIr∴ Aprendizes a sua primeira instrução, que consiste na explicação do Painel da Loja do 1º Grau.

Ir Orador, tendes a palavra.

Orador - Meus Irr∴, o Painel que vedes representa o meio, o caminho que deveis trilhar para atingirdes o domínio de vós mesmos pelo trabalho e pela observação. Vosso principal, vosso único desejo deve resumir-se em avançardes, em progredirdes na Grande Obra que empreendestes, ao entrardes neste Templo. Ao fim da jornada de trabalho e de aperfeiçoamento moral, simbolizada no desbastar das asperezas desse bloco informe a que chamamos *pedra bruta*, quando vos transformardes pela fé e pelo esforço na *pedra polida* pronta a fazer parte do edifício, estareis aptos a descansar o maço e o cinzel e a tomardes outros utensílios, que vos serão dados, quando subirdes mais um degrau na hierarquia maçônica.

Para isso é que recebeis 5 instruções no grau de Aprendiz, simbolizando as cinco épocas, os cinco anos que outrora, passava o Aprendiz Maçom encerrado no Templo, onde só tinha entrada depois de dois anos de observação por parte dos *Companheiros e Mestres*, completando assim os *sete anos* exigidos, naquela época, para o compromisso do primeiro grau.

A primeira instrução é a mais simples, mas também a mais simbólica.

No painel da Loja se condensam todos os símbolos que deveis conhecer e que, se bem os compreenderdes nesta instrução, parecer-vos-ão muito fáceis e claras as instruções subsequentes.

A forma da Loja é de um quadrilongo, isto é, uma figura alongada, de quatro lados; seu comprimento é de Leste a Oeste; sua largura do Norte ao Sul; sua profundidade, da superfície ao centro da Terra e sua altura da Terra ao Céu.

A Loja é representada desse modo, numa tão vasta extensão, para simbolizar a Universalidade da nossa Instituição e para mostrar que a Caridade de um Maçom não tem limites, a não ser os ditados pela Prudência.

Orienta-se a Loja de Leste a Oeste, porque todos os lugares de Culto Divino, todos os antigos Templos e todas as Lojas Maçônicas regularmente constituídas assim devem estar, por três razões:

1ª - Porque o Sol, que é a maior Glória do Senhor, nasce a Leste e se oculta a Oeste;

2ª - Porque a Civilização e a Ciência nos vieram do Oriente, espalhando a sua benéfica influência para o Ocidente;

3ª - Por ter a Doutrina do Amor e da Fraternidade, o exemplo do cumprimento da Lei, também nos vieram do Oriente, por intermédio do nosso Divino Mestre.

Desde o começo, o Todo-Poderoso, o Princípio Criador a que chamamos o G∴A∴D∴U∴, nunca deixou de dar um testemunho da Sua existência entre os homens.

Lemos nas Sagradas Escrituras que Abel fez uma oferta mais agradável ao *Senhor* do que a de Caim; que "Enoch caminhou para *Deus* e *Deus* o levou"; que Noé era um justo e que, por isso, *Deus* o salvou, fazendo com que construísse uma Arca; que Abrahão era fiel a *Deus*, bem como toda a sua família e não hesitou em sacrificar seu filho ao *Senhor*, o Qual evitou o sacrifício, enviando um anjo para impedi-lo; e que Jacó combateu com um anjo, venceu-o e por isso obteve a benção do *Senhor* para si e para todos os seus descendentes.

Mas a primeira notícia que temos de um local, exclusivamente destinado ao Culto Divino, é depois do êxodo dos Israelitas do Egito, sob a direção do fiel Moisés, segundo a promessa feita ao seu antepassado Abrahão, de que Ele faria da sua raça uma grande e poderosa nação, cujos filhos se multiplicariam como as areias do mar e as estrelas do Céu.

Por intermédio ainda do seu fiel servo Moisés, ele construiu uma tenda, ou Tabernáculo, erigida no deserto, para receber a arca da aliança e as tábuas da Lei bem como para nele (Tabernáculo) será solenizado o Culto Divino.

Esse Tabernáculo foi sempre, por ordem especial do *Senhor*, armado no deserto, de Leste para Oeste e serviu, muito tempo depois, de modelo, na sua planta e posição, ao magnífico Templo erigido em Jerusalém pelo Sábio e Poderoso Monarca, o Rei Salomão, e cujo esplendor e riqueza fizeram com que fosse considerado como a maior maravilha da Época.

Esta é a razão principal por que todas as Lojas Maçônicas, que representam simbolicamente o Templo de Salomão, são situadas e orientadas de Leste para Oeste.

Sustentam nossa Loja, três grandes Pilares denominados SABEDORIA, FORÇA e BELEZA.

A *Sabedoria* inventa e cria, a *Força* sustenta e anima e a *Beleza* adorna.

A *Sabedoria* deve nos orientar no caminho da Vida, a *Força* nos anima a sustentar em todas as dificuldades e a *Beleza* adorna todas as nossas ações, nosso caráter e nosso espírito.

O universo é o Templo da Divindade a quem servimos; a Sabedoria, a Força e a Beleza estão em volta do Seu trono como pilares de Suas obras; porque Sua Sabedoria é infinita, Sua Força onipotente e a Sua Beleza se manifesta, em toda a Sua criação, pela simetria e pela ordem.

Representam ainda os três pilares de uma Loja Maçônica:

SALOMÃO, rei de Israel;

HIRAM, rei de Tiro; e

HIRAM-ABIFF.

Salomão, pela sua Sabedoria em construir, completar e dedicar o Templo de Jerusalém ao Serviço de Deus;

Hiram, pela Força que deu aos trabalhos do Templo, fornecendo homens e material; e

Hiram-Abiff, pelo seu trabalho primoroso em adorna-lo, andou lhe uma Beleza sem par, até hoje nunca atingida.

Três ordens de Arquitetura foram usadas na construção do Templo e, por analogia, diz-se que:

A *Jônica* representa a Sabedoria;

A *Dórica*, a Força; e

A *Coríntia*, a Beleza.

A cobertura de uma Loja Maçônica se representa por uma *Abóbada Celeste* de cores variadas, representando o Céu, isto é, o *Infinito*.

O caminho pelo qual nós, Maçons, esperamos atingi-la, é expresso simbolicamente pela escada existente no Painel, e que as Sagradas Escrituras denominam a *Escada de Jacó*, nome que, sempre guarda fiel da antiga tradição, a Maçonaria conserva.

Por isso é que dizemos aos Aprendizes Maçons, depois de sua iniciação, *"que puseram o pé no 1º degrau da* ESCADA DE JACÓ", significando-lhes que deram o primeiro passo no caminho do seu aperfeiçoamento moral.

Compõe-se esta escada de muitos degraus, todos eles representativos das virtudes exigidas ao Maçom, no seu caminho para a perfeição.

Na sua base, centro e topo, entretanto, destacam-se três símbolos, muito conhecidos no mundo profano, como representando a FÉ, a ESPERANÇA e a CARIDADE.

De fato são estas as principais virtudes morais que devem ornar o espírito de qualquer ser humano e, principalmente, dos Maçons.

Fé no G∴A∴D∴U∴.

Esperança no Aperfeiçoamento Moral; e

Caridade para com o Gênero Humano.

 Por analogia, poderemos explicar do seguinte modo essas três virtudes:

A *Fé* é a *Sabedoria* do espírito, sem a qual o homem nada levará a termo;

A *Esperança* é a *Força* do Espírito, amparando-o e animando-o nas dificuldades que encontra, a cada passo, no caminho da existência; e

A *Caridade* é a *Beleza* que adorna o espírito e os corações bem formados, fazendo com que neles se abriguem os mais puros sentimentos humanos.

O interior de uma Loja Maçônica contém Ornamentos, Paramentos e Joias.

Os Ornamentos são o *Pavimento de Piso Mosaico*, a *Estrela Flamígera* e a *Orla Dentada*:

O *Pavimento de Piso Mosaico*, com o seus losangos brancos e pretos, nos mostra que, apesar da diversidade, do antagonismo de todas as coisas que adornam a Natureza, em tudo reside a mais perfeita Harmonia. Isso nos serve de lição para que não olhemos as diversidades de cores e de raças, o antagonismo das religiões e dos princípios que regem os diferentes povos da Humanidade, senão como uma *exterioridade* de manifestação, apenas; mas que, entretanto, toda a Humanidade foi criada para viver na mais perfeita *Harmonia*, na mais íntima *Fraternidade*.

A *Estrela Flamígera* representa a principal Luz da Loja. Simboliza o Sol, Glória do Criador, e nos dá o exemplo da maior e da melhor virtude que deve ornar o coração do Maçom: *A Caridade.*

Espalhando Luz e Calor (ensino e conforto) por toda a parte onde atingem seus raios vivificantes, ela nos ensina a praticar o Bem, não num círculo restrito de amigos ou afeiçoados, mas a *todos aqueles* que necessitarem e até onde a nossa Caridade possa alcançar.

A *Orla Dentada*, enfim, mostra-nos o princípio de atração universal, simbolizada no *Amor*. Representa, com seus múltiplos dentes, os planetas que gravitam em torno do Sol; os povos reunidos em torno de um chefe; os filhos reunidos em volta dos Pais; enfim, os Maçons unidos e reunidos em torno da Loja, cujos ensinamentos, cuja moral aprendem para espalha-los aos quatro cantos do Orbe.

Os *Paramentos* da Loja são constituídos pelo L∴ da L∴, Comp∴ e Esq∴:

O L∴ da L∴ representa o Código de Moral que cada um de nós respeita e segue, a Filosofia que cada qual adota, enfim é a Fé que nos governa e anima.

O *Comp∴* e o *Esq∴*, que só se mostram unidos, em Loja, representam a *medida* justa e a *retidão* que devem presidir a todas as nossas ações, que não se podem afastar da *justiça*, tão pouco da *retidão*, que regem todos os atos de um verdadeiro Maçom.

As pp∴ do Comp∴, ocultas sob o Esq∴, significam que o Apr∴, só trabalhando para desbastar a *pedra bruta*, não pode fazer uso daquele, enquanto sua obra ainda não estiver perfeitamente acabada, polida e esquadriada.

As *Joias* da Loja são:

Três móveis e *três* fixas.

As *móveis* são o E∴, o N∴ e o P∴.

Assim as chamamos porque, cada ano, são transferidas aos Novos VVen∴ e VVig∴, em cada passagem de Administração da Loja.

As fixas são: a P∴ da L∴, a P∴ B∴ e a P∴ P∴ ou C∴.

A P∴ da L∴ serve para o Mest∴ desenhar e traçar. Isto exprime simbolicamente que o Mestre guia os AApr∴, no trabalho indicado pela P∴ da L∴, *traçando* o caminho que eles devem seguir para o seu aperfeiçoamento, a fim de poderem progredir nos trabalhos de Arte Real.

A P∴ B∴ serve para nela trabalharem os AApr∴, marcando-a e desbastando-a até que seja julgada *polida*, pelo Mestre da Loja.

A P∴ P∴ ou C∴ serve para os OObr∴ experimentados ajustarem e experimentarem suas Joias.

Chamam-se *fixas* a estas últimas Joias, porque permanecem *imóveis* em Loja, como um Código de Moral, aberto à compreensão de todos os Maçons.

Do mesmo modo que o P∴ da L∴ é o traçado *objetivo*, o L∴ da L∴ é o traçado *espiritual* para o aperfeiçoamento de todo o Maçom, se ele quiser atingir o topo da Escada de

Jacó, após haver desbastado as asperezas do seu *eu* íntimo, representadas pela ambição, orgulho, egoísmo e demais paixões que torturam os corações profanos.

A P∴B∴ é o material retirado de sua jazida, no *estado da natureza*, até que, pela engenhosidade e trabalho do Obreiro, fica na devida forma para poder entrar na construção do edifício. Ela representa a inteligência, o sentimento do homem no seu estado primitivo, ásperos e despolidos como a P∴B∴, e nesse estado se conservam até que, pelo cuidado e instrução ministrados por seus pais e mentores, dando-lhe uma educação liberal e virtuosa, ele se torna um ente *culto*, capaz de fazer parte de uma sociedade civilizada.

A P∴P∴ ou C∴ é um material perfeitamente trabalhado, de linhas e ângulos *retos*, que só pode ser verificado e experimentado pelo Comp∴ e Esq∴.

Representa o saber do homem no fim da vida, quando ele a aplicou em atos de piedade e de virtude, que só podem ser medidos e julgados pelo Esq∴ da Palavra Divina e pelo Comp∴ de sua própria consciência e esclarecida.

Em toda a Loja Maçônica Regular, Justa e Perfeita existe um ponto dentro de um Circ∴, que um verdadeiro Maçom não pode transpor. Este Circ∴ é limitado, entre o Norte e o Sul, por duas linhas paralelas, uma representando Moisés, outra o rei Salomão.

Na parte superior deste Circ∴ fica o L∴da L∴, que suporta a Escada de Jacó, cujo cimo toca os Céus. Caminhando dentro deste Circ∴, sem nunca o transpormos, limitar-nos-emos às duas linhas paralelas e ao L∴da L∴ e, enquanto assim procedermos não podemos errar.

Pendentes dos cantos da Loja, vê-se quatro borlas, colocadas nos pontos extremos da mesma para nos lembrarem as quatro virtudes *cardeais* – TEMPERANÇA, JUSTIÇA, CORAGEM e PRUDÊNCIA - que a nossa antiga tradição nos diz terem sido praticadas pela grande maioria dos nossos antigos IIr∴.

As características de um bom Maçom são Virtude, Honra e Bondade; e, embora banidas de todas as outras sociedades, devem sempre ser encontradas no coração dos Maçons.

Capítulo 20
Segunda Instrução

Ven∴ - Ir∴ 1º Vig∴, que há de comum entre nós?

1º Vig∴ - Uma verdade, Ven∴ Mest∴.

Ven∴ - Que verdade é essa, meu Ir∴?

1º Vig∴ - A existência de um G∴A∴, Criador do Universo, isto é, de tudo que foi, que é e que será.

Ven∴ - Como sabeis, meu Ir∴?

1º Vig∴ - Porque além dos órgãos que constituem nosso ser material, o Ente Supremo nos dotou de inteligência, que nos faz discernir o Bem do Mal.

Ven∴ - Essa faculdade, a que chamais inteligência, é independente de vossa organização física?

1º Vig∴ - Ignoro-o, Ven∴ Mest∴. Creio, porém, que, como os nossos sentidos, ela é suscetível de progresso e de aperfeiçoamento e tem sua infância, sua adolescência e a sua maturidade; rudimentar das crianças, manifesta-se nos adultos, aperfeiçoa-se e eleva-se, progressivamente, ao mais alto grau de concepção.

Ven∴ - A inteligência é suficiente para discernir o Bem do Mal?

1º Vig∴ - Sim, Ven∴ Mest∴, quando dirigida por uma moral sã.

Ven∴ - Onde encontramos os ensinamentos dessa moral?

1º Vig∴ - Na Maçonaria, Ven∴ Mest∴, porque aqui se ensina a moral mais pura e mais propícia à formação do caráter do homem, quer considerado sob o ponto de vista social, quer sob o individual.

Ven∴ - Ir∴ 2º Vig∴, sois Maçom?

2º Vig∴ - M∴I∴C∴T∴M∴R∴

Ven∴ - Em que se baseia a moral ensinada pela Maçonaria?

2º Vig∴ - No Amor do próximo, Ven∴ Mest∴.

Ven∴ - Esta, porém, não deve ser a base de todos os princípios de qualquer Moral?

2º Vig∴ - Sem dúvida que sim, Ven∴ Mest∴. A moral Maçônica, porém, é o sistema mais apropriado é mais prático para o seu ensino.

Ven∴ - Em que consiste esse sistema, meu Ir∴?

2º Vig∴ - Em mistérios e alegorias.

Ven∴ - Quais são esses mistérios, meu Ir∴?

2º Vig∴ - Não me é permitido revela-los, Ven∴ Mest∴; interrogai-me e chegareis a descobri-los e a compreende-los.

Ven∴ - Que vos exigiram para serdes recebido Maçom?

2º Vig∴ - Que fosse livre e bons costumes.

Ven∴ - Como *Livre*? Admitis, por acaso, meu Ir∴, que um homem possa viver na escravidão?

2º Vig∴ - Não, Ven∴ Mest∴. Todo homem é livre; pode, porém, estar sujeito a entraves sociais que o privem, momentaneamente, de parte de sua liberdade e, o que é pior, o tornem escravo de suas próprias paixões e de seus preconceitos. É precisamente desse jugo que se deve libertar todo homem que aspira pertencer à nossa Ordem. Assim, aquele que voluntariamente abdica de sua liberdade, deve ser excluído de nossos mistérios, porque quem não é senhor de sua própria individualidade não pode contrair nenhum compromisso sério.

Ven∴ - Ir∴ 1º Vig∴, como fostes recebido Maçom?

1º Vig∴ - Nem N∴ nem V∴, Ven∴ Mest∴. Despojaram-me de todos os metais e vendaram-me os olhos, a fim de que ficasse privado da visão.

Ven∴ - Que significa isso, meu Ir∴?

1º Vig∴ - Várias são as significações, Ven∴ Mest∴. A privação dos metais faz lembrar o homem, antes da civilização, em seu estado natural, quando desconhecia as vaidades e o orgulho; e a obscuridade em que me achava imerso figurava o homem primitivo na ignorância de todas as coisas.

Ven∴ - Quais são as consequências morais que deduzis essa alegoria?

1º Vig∴ - A abdicação das vaidades profanas e a necessidade imprescindível de instrução, que é o alicerce da Moral Humana.

Ven∴ - Que fizeram para vós instruir, Ir∴ 2º Vig∴?

2º Vig∴ - Fizeram-me viajar do Ocidente para o Oriente e do Oriente para o Ocidente. A princípio por um caminho escabroso, semeado de dificuldades, cheio de obstáculos, em meio de ruídos e de trovejar atordoador; depois, por outra estrada menos difícil que a primeira, ouvindo o tilintar incessante de armas; finalmente, em uma terceira viagem, por um caminho plano e suave, envolto no maior silêncio.

Ven∴ - Que significam os ruídos, as dificuldades e os obstáculos da primeira viagem?

2º Vig∴ - Fisicamente, representam o *caos* que se acredita ter precedido e acompanhado a organização dos mundos; moralmente, significam os primeiros anos do homem ou os primeiros tempos da sociedade, durante os quais as paixões, ainda não dominadas pela razão e pelas leis, conduziam homem e sociedade aos excessos tão condenáveis dos tempos remotos do feudalismo.

Ven∴ - Que significa o ruído de armas que ouvistes em vossa segunda viagem, Ir∴ 1º Vig∴?

1º Vig∴ - Representa a idade da ambição: os combates que a sociedade foi obrigada a sustentar antes de chegar ao estado de equilíbrio; as lutas que o homem é obrigado a travar e vencer para se colocar dignamente entre os seus semelhantes.

Ven∴ - Porque encontrastes facilidade em vossa terceira viagem?

1º Vig∴ - Porque aquela nos mostra o estado de paz e de tranquilidade resultante da ordem na sociedade e o da moderação das paixões no homem que atinge a idade da maturidade e da reflexão.

Ven∴ - Como terminou cada uma dessas viagens, Ir∴ 2º Vig∴?

2º Vig∴ - O término de cada viagem foi uma porta, onde bati.

Ven∴ - Onde se achavam situadas essas portas?

2º Vig∴ - A 1ª ao Sul; a 2ª no Ocidente e a 3ª no Oriente.

Ven∴ - Que vos disseram quando batestes?

2º Vig∴ - Na primeira, mandaram-me passar; a segunda, fizeram-me purificar pela água e na terceira fui purificado pelo fogo.

Ven∴ - Que significam essas purificações, meu Ir∴?

2º Vig∴ - Que, para estar em condições de receber a Luz da Verdade, torna-se necessário ao homem desvencilhar-se de todos os preconceitos sociais ou de educação e entregar-se, com ardor, à procura da Sabedoria.

Ven∴ - Que representam as três portas em que batestes, Ir∴ 1º Vig∴?

1º Vig∴ - As três disposições necessárias à procura da Verdade: Sinceridade, Coragem e Perseverança.

Ven∴ - Que vos aconteceu, em seguida?

1º Vig∴ - Ajudaram-me a dar três passos num quadrilongo.

Ven∴ - Para que, meu Ir∴?

1º Vig∴ - Para fazer-me compreender que o primeiro fruto do estudo é a experiência e que esta é que torna o homem prudente.

Ven∴ - O que vos deram, depois?

1º Vig∴ - A Verdadeira Luz, Ven∴ Mest∴.

Ven∴ - Que vistes, então, Ir∴ 2º Vig∴?

1∴ Vig∴ - Raios cintilantes feriram-me a vista: vi, então, que eram espadas, empunhadas por meus irmãos e apontadas para mim.

Ven∴ - Sabeis o que significa isso, Ir∴ 2º Vig∴?

2º Vig∴ - Compreendi, depois, que essas espadas figuravam os raios de Luz da Verdade, que ofuscam a vista intelectual daquele que ainda não está preparado, por sólida instrução, a recebe-la.

Ven∴ - Como vos ligastes à Ordem Maçônica?

2º Vig∴ - Por um juramento e uma consagração.

Ven∴ - Que prometestes ?

2º Vig∴ - Guardar fielmente os segredos que me fossem confiados; amar, proteger e socorrer a todos os meus Irmãos, sempre que disso tivessem justa necessidade.

Ven∴ - Estais arrependido de terdes contraído essa obrigação?

2º Vig∴ - Absolutamente não, Ven∴ Mest∴, e estou pronto a renova-lo, se preciso for, perante esta Aug∴ Assembleia.

Ven∴ - Quais são os indícios pelos quais se reconhecem os Maçons, Ir∴ 1º Vig∴?

1º Vig∴ - Além dos atos e ações que praticam, revelando o influxo da moral ensinada em nossos Templos, eles se reconhecem pelo S∴, pela P∴ e pelo T∴.

Ven∴ - Qual é o S∴?

1º Vig∴ - (Depois de fazer o s∴) Ei-lo, Ven∴ Mest∴.

Ven∴ - Qual é a p∴, Ir∴ 2º Vig∴?

2º Vig∴ - Não sei lê-la nem pronuncia-la, Ven∴ Mest∴, por isso não vo-la p∴d∴s∴s∴.

Ven∴ - (Depois de regularmente dada a P∴) Porque só se dá a P∴S∴?

2º Vig∴ - Porque ela caracteriza o primeiro grau de iniciação que é o emblema do homem ou da sociedade na fase da ignorância, quando o estudo e as artes, por deficiência das faculdades intelectuais, ainda não lhe são conhecidos. Assim o Aprendiz recebe primeiro para dar depois.

Ven∴ - Daí ao Ir∴ Experto o t∴ para que ele me o transmita. (Depois de executada a ordem) Disseste-me que, quando fostes recebidos, estáveis nem n∴ nem v∴. E agora estais v∴, Ir∴ 1º Vig∴?

1º Vig∴ - Estou vestido com este avental (mostra o avental).

Ven∴ - Ir∴ 2º Vig∴, sois obrigado a trazer sempre, em Loja, esse avental?

2º Vig∴ - Sim, como todos os IIr∴, Ven∴ Mest∴.

Ven∴ - Porque?

2º Vig∴ - Porque ele nos lembra que o homem nasceu para o trabalho e que todo o Maçom deve trabalhar incessantemente para a descoberta da Verdade e para o aperfeiçoamento da Humanidade.

Ven∴ - Onde trabalhamos, meu Ir∴?

2º Vig∴ - Em uma Loja.

Ven∴ - Como é construída nossa Loja?

2º Vig∴ - Com a figura de um quadrilongo, estendendo-se do Or∴ ao Oc∴, tendo a sua largura do Norte ao Sul e sua altura da Terra ao Céu e por profundidade da superfície ao centro da Terra.

Ven∴ - Como é coberta nossa Loja, Ir∴ 1º Vig∴?

1º Vig∴ - Por uma abóbada azul semeada de estrelas e de nuvens, na qual circulam o Sol, a Lua e inúmeros outros astros que se conservam em equilíbrio pela atração de uns sobre outros.

Ven∴ - Quais são os sustentáculos dessa abóbada?

1º Vig∴ - Doze lindas CCol∴, Ven∴ Mest∴.

Ven∴ - Que representam essas doze CCol∴, meu Ir∴?

1º Vig∴ - Os 12 signos do Zodíaco, isto é, as doze constelações que o Sol percorre no espaço de um ano solar.

Ven∴ - Ir∴ 2º Vig∴, nossa Loja não tem outros apoios?

2º Vig∴ - Sim, Ven∴ Mest∴. Apoia-s , também, sobre três fortes pilares.

Ven∴ - Quais são eles?

2º Vig∴ - Sabedoria, Força e Beleza.

Ven∴ - Como são representados, em nossa Loja, esses atributos?

2º Vig∴ - Por Três Grandes Luzes, Ven∴ Mest∴.

Ven∴ - Onde estão colocadas essas luzes?

2º Vig∴ - Uma ao Oriente, outra ao Ocidente e a terceira ao Sul.

Ven∴ - O que se nota mais em nossa Loja, Ir∴ 1º Vig∴?

1º Vig∴ - Diversas figuras alegóricas, cuja significação me foi explicada pelo Ven∴ Mest∴.

Ven∴ - Dizei, então, quais são essas figuras.

1º Vig∴ - 1º, um pórtico elevado sobre três degraus e ladeado por duas CCol∴ de bronze, sobre cujos capitéis descansam três romãs abertas, mostrando-nos suas sementes;

2º - Uma Pedra Bruta;

3º - Uma Pedra trabalhada a que se dá o nome de Pedra Polida;

4º – Um esquadro, um compasso, um nível e um prumo;

5º – Um malho e um cinzel;

6º – Um quadro, chamado Painel da Loja;

7º - Três janelas abertas;

8º - Ao Or∴ da Loja, o Sol, e a Lua;

9º - O mosaico, cercado pela Orla Dentada.

Ven∴ - Que significa o Oc∴ em relação aos Or∴?

1º Vig∴ - O Or∴ indica a direção de onde provém a luz e o Oc∴ a região para qual ela se dirige. O Oc∴ representa, por conseguinte, o mundo visível que os nossos sentidos alcançam e, de um modo geral, tudo o que é *material*; o Or∴ simboliza o mundo invisível, tudo o que é abstrato, isto é o mundo *espiritual*.

Ven∴ - Que representam as duas CCol∴ de bronze?

2º Vig∴ - Marcam os dois pontos solsticiais.

Ven∴ - Que significam as romãs, colocadas nos capitéis das CCol∴?

2º Vig∴ - Mostram, por sua divisão interna, os bens produzidos pela influência das estações; representam, também, as Lojas e todos os Maçons espalhados pela superfície da Terra; e suas sementes, intimamente unidas, nos lembram a fraternidade e a união que deve haver entre os homens.

Ven∴ - Que quer dizer a Pedra Bruta, Ir∴ 1º Vig∴?

1º Vig∴ - Representa o homem sem instrução, com as suas asperezas de caráter, devidas à ignorância em que se encontra e às paixões que o dominam.

Ven∴ - E a Pedra Polida, meu Ir∴, que significa?

1º Vig∴ - O homem instruído que, dominando as paixões e abandonando os preconceitos, libertou-se das asperezas da Pedra Bruta, que poliu.

Ven∴ - Que vos recordam o esquadro, o compasso, o nível e o prumo?

1º Vig∴ - Por serem instrumentos imprescindíveis às construções sólidas e duráveis, eles nos recordam o papel de construtor social que compete a todos os Maçons e, ao mesmo tempo, nos traçam as normas pelas quais devemos pautar nossa conduta: o esquadro para a retidão; o compasso, para a justa medida e o nível e o prumo para a igualdade e a justiça que devemos aos nossos semelhantes.

Ven∴ - Que representam o malho e o cinzel, Ir∴ 2º Vig∴?

2º Vig∴ - A inteligência e a razão que tornam o homem capaz de discernir o Bem do Mal, o Justo do Injusto.

Ven∴ - Que significa a pr∴ de desenhos?

2º Vig∴ - A memória, faculdade preciosa de que somos dotados para fazermos o nosso julgamento, conservando o traçado de todas as nossas percepções.

Ven∴ - Porque tem a Loja três janelas, meu Ir∴?

2º Vig∴ - Pela posição que ocupam, indicam as principais horas do dia: o nascer do Sol, o meio dia e o pôr do Sol.

Ven∴ - Por que o Sol e a Lua foram colocados em nossos Templos, Ir∴ Vig∴?

1º Vig∴ - Porque sendo a Loja a imagem do universo, nela devem estar representados os esplendores da abóbada celeste que mais ferem a imaginação do homem.

Ven∴ - E o mosaico, com a Orla Dentada, que significação tem?

1º Vig∴ - O mosaico representa a variedade do solo terrestre; formado por pedras brancas e pretas, ligadas pelo mesmo cimento, simboliza a união de todos os Maçons, apesar das diferenças de cor, de climas e de opiniões políticas ou religiosas. É também a imagem do bem e do mal de que se acha semeada na estrada da vida. A Orla Dentada exprime a união que deverá existir entre todos os homens, quando o amor fraternal dominar a todos os corações.

Ven∴ - Que se faz em nossa Loja, meu Ir∴?

1º Vig∴ - Levantam-se Templos à Virtude e Cavam-se Masmorras ao Vício.

Ven∴ - Ir∴ 2º Vig∴, em que espaço de tempo se executam os trabalhos dos Aprendizes Maçons?

2º Vig∴ - Do m∴ d ∴ à m∴n∴ , Ven∴ Mest∴..

Ven∴ - Que vindes fazer aqui?

2º Vig∴ - Vencer minhas paixões, submeter minha vontade e fazer novos progressos na Maçonaria.

Ven∴ - Que trazeis para vossa Loja, meu Ir∴?

2º Vig∴ - Amor, Paz e Harmonia para a prosperidade de todos os Irmãos.

Ven∴ - Que idade tendes, Ir∴ 1º Vig∴?

1º Vig∴ - ....

Ven∴ - (*) Meus IIr∴, como o futuro depende do trabalho feito durante a juventude, trabalhai, para que vossa idade madura seja feliz e para que vossa passagem neste Mundo não seja estéril, quando voltardes ao seio da natureza, de onde saístes. Repousemos, meus IIr∴..

O 1º Vig∴ deita a sua coluna e o 2º Vig∴ levanta a sua, até a hora em que o Ven∴ recomeçar os trabalhos.

Capítulo 21
Terceira Instrução

Ven∴ - (!) Meus IIr∴, de acordo como os preceitos que nos regem, vamos proceder a terceira Instrução destinada especialmente ao Ir∴ Aprendiz F . . . .; (se não houver aprendiz destinada a recordar os nossos ensinamentos.

Ir∴ 1º Vig∴, entre nós existe alguma coisa?

1º Vig∴ - Sim, Ven∴ Mestr∴, um culto.

Ven∴ - Que culto é esse?

1º Vig∴_ Um segredo.

Ven∴ - Que segredo é esse?

1º Vig∴ - A Maçonaria.

Ven∴ - Que é a Maçonaria?

1º Vig∴ - Uma associação íntima de homens escolhidos, cuja doutrina tem por base o G∴A∴D∴U∴. que é Deus; como regra, a Lei Natural; por causa, a verdade, a liberdade e a luz moral; por princípio, a igualdade, a fraternidade e a caridade; por frutos, a virtude, a sociabilidade e o progresso; por fim, a felicidade dos povos que ela procura incessantemente reunir sob sua bandeira de paz. A Maçonaria existe e existirá sempre onde houver o gênero humano.

Ven∴ - Sois Maçom, Ir∴ 2º Vig∴?

2º Vig∴ - M∴I∴C∴T∴M∴R∴

Ven∴ - Quais são s deveres do Maçom?

2º Vig∴ - Honrar e venerar o Gr∴ Arq∴ dos Mundos, a quem agradece sempre as boas ações que praticar para o próximo e os bens que lhe couber em partilha; tratar a todos os homens, sem distinção de classe e de raça, como seus iguais e irmãos; combater a ambição, o orgulho, o erro e os preconceitos; lutar contra a ignorância, a mentira, o fanatismo e a superstição, que são os flagelos causadores de todos os males que afligem a Humanidade e entravam seu progresso; praticar a justiça recíproca como verdadeira salvaguarda dos direitos e dos interesses de todos, e a tolerância que deixa a cada um o direito de escolher e seguir a sua religião e as suas opiniões; deplorar os que erram, mas, esforçando-se para reconduzi-los ao verdadeiro caminho; enfim ir, com todas as suas forças, em socorro do infortúnio e da aflição. O Maçom cumprirá todos esses deveres porque tem a Fé que lhe dá a coragem e o conduz ao progresso; a perseverança que vence os obstáculos; o devotamento que o leva a fazer o bem mesmo com risco de sua vida e sem esperar outra recompensa a não ser a tranquilidade de consciência.

Ven∴ - Como podereis vos fazer reconhecer Maçom?

2º Vig∴ - Por meus S∴, T∴ e P∴.

Ven∴ - Como fazeis o S∴, Ir∴ M∴ de CC∴?

M∴ de CC∴ - *(levantando-se)* Pelo esquadro, nível e perpendicular. *(faz o S∴)*

Ven∴ - Que significa esse S∴?

M∴ de CC∴ - A honra de saber guardar o segredo, preferindo ter a G∴ C∴ a revelar nossos mistérios. Significa, também, que o braço direito, símbolo de minha força, está concentrado e imóvel a disposição da Ordem, somente saindo da imobilidade quando assim ordenar o Ven∴ Mestr∴. Finalmente os PP∴ em esquadria, representando o cruzamento de duas perpendiculares, único caso em que formam quatro ângulos *iguais e retos*, significam retidão do caminho que tenho de seguir, bem como que a *igualdade* é um dos princípios fundamentais de nossa Ordem. (*Saúda e senta-se*)

Ven∴ - Ir∴ 2º Diac∴ daí o T∴ ao Ir∴ 1º Vig.

1º Vig∴ - (depois de recebido o T∴) Está exato, Ven∴ Mestr∴.

Ven∴ - Dai-me a P∴, Ir∴ 1º Diac∴.

1º Diac∴ - *(levantando-se e à ordem)* . . . .

Ven∴ - Que significa esta P∴?

1º Diac∴ - Beleza e, também, Força, Apoio. *(Saúda e senta-se)*

Ven∴ - Por que o Aprendiz Maçom não tem P∴ de P∴, Ir∴ G∴ do Temp∴?

G∴ do Temp∴ - (levantando-se e à ordem) porque conservamos a tradição do antigo Egito, onde o iniciado ficava durante três anos sem se comunicar com o mundo profano e, caso deixasse o templo, a ele jamais voltaria. Daí ser desnecessária tal p∴.

Ven∴ - Por que quisestes vos tornar Maçom?

G∴ do Temp∴ - Porque sendo livre e de bons costumes, e estando nas trevas, ambicionava a Luz.

Ven∴ Quem vos trouxe à Loja?

G∴ do Temp∴ - Um amigo, que depois reconheci como Irmão. *(Saúda e senta-se)*

Ven∴ - Como estavas preparado, Ir∴ Secr∴?

Secr∴ - (levantando-se e à ordem) Nem N∴, nem V∴; despojaram-se de todos os metais, emblema dos vícios, para lembrar-me do estado primitivo da humanidade antes da época de sua civilização.

Ven∴ Onde fostes recebido?

Secr∴ - Em uma Loja justa, perfeita e regular.

Ven∴ Que é preciso para que uma loja seja justa e perfeita?

Secr∴ - Que três a governe, cinco a componha e sete a compete.

Ven∴ - Que é uma Loja regular?

Secr∴ - É a que, sendo justa e perfeita, obedeça a uma Potência Maçônica regular e pratique rigorosamente todos os princípios básicos da Maçonaria Universal. *(Saúda e senta-se)*

Ven∴ - Como fostes recebido Ir∴ Orador?

Orad∴ - *(levantando-se e à ordem)* Por três pancadas cuja significação é: Batei e sereis atendido; pedi e recebereis; procurai e encontrareis.

Ven∴ Que vos fizeram praticar?

Orad∴ - Depois de colocado entre as colunas dos IIr∴ VVig∴, fizeram-se praticar três viagens para que me lembrasse das dificuldades e das atribulações da vida; purificaram-me pelos elementos e, depois, foi conduzido ao Altar, onde fizeram-me ajoelhar; o J∴ D∴ nu por terra. A M∴ D∴ sobre o L∴ da L∴ e na E∴ um C∴ aberto cujas pontas se apoiavam em meu peito esquerdo que estava nu. Nessa posição prestei meu juramento de guardar os segredos da Ordem *(saúda e senta-se)*

Ven∴ - Que vistes ao entrar na Loja Ir∴ Tes∴?

Tes∴ - *(levantando-se e à ordem)* Nada, Ven∴ Mestr∴, pois uma espessa venda cobria meus olhos.

Ven∴ - Que vistes quando vos concederam a Luz?

Tes∴ - Achava-me no Ocidente, entre colunas; então, vi o pavimento mosaico e o Livro da Lei sobre o Altar (saúda e senta-se)

Ven∴ - Podeis explicar-me, Ir∴ 1º Vig∴, a interpretação de tudo que ouviste falar?

1º Vig∴ - *A venda* sobre os olhos significa as trevas e os preconceitos do mundo profano e a necessidade que têm os homens de procurar a luz entre os iniciados. O P∴ D∴ *calçado com alpargata* era para manifestar o respeito por este lugar sagrado. O B∴ D∴ e o P∴ E∴ desnudos exprimiam que eu dava meu braço à instituição e meu coração a maus irmãos. As pontas do c∴ sobre o peito lembravam-me a minha vida profana, na qual nem meus sentimentos nem meus desejos foram regulados por esse símbolo da exatidão, que desde então regula meus pensamentos e minhas ações. O C∴ simboliza as relações do Maçom com seus irmãos e com os demais entes; fixada uma de suas pontas, pode, pelo maior ou menor afastamento das pernas, descrever círculos sem conta, imagens de nossa Loja e da Maçonaria cujo extenso domínio é infinito.

Os três P∴ formando cada um e a cada junção dos pés um ângulo reto, significam que a retidão é necessária ao que deseja vencer na ciência e na virtude. As três viagens simbolizam a conquista de novos conhecimentos. O número três indica os centros: Pérsia, Fenícia e Egito, onde foram primitivamente cultivadas as ciências.

As purificações, que foram feitas no decurso dessas viagens, lembraram-me que o homem não é bastante puro para chegar ao templo da filosofia. A idade do aprendiz e t∴ a∴ porque, na antiguidade, esse era o tempo necessário ao seu preparo; a idade significa também o grau maçônico.

A pedra bruta é o emblema do aprendiz do que se encontra no estado imperfeito de sua natureza. As duas CCol∴ são tidas como de 18 côvados de altura, 12 de circunferência, 12 de base e 5 nos capitais, num total de 47, número igual das constelações e dos signos do zodíaco ou do mundo celeste. Suas dimensões estão contra todos as regras de arquitetura, para nos mostrar que a sabedoria e o poder do divino Arq∴ estão além das dimensões e dos julgamentos dos homens. Elas são de bronze para resistirem ao dilúvio, isto é, a barbárie, sendo o bronze o emblema da eterna estabilidade das leis da natureza, base da doutrina Maçônica. São ocas para guardar os utensílios apropriados aos conhecimentos humanos e, enfim, as romãs, são símbolo equivalente aos feixe de Esopo: *milhares de sementes contidas no mesmo fruto, num mesmo germe, numa mesma substância, num mesmo asilo, imagem do povo maçônico, que, por mais multiplicado que seja, constitui uma e mesma família. Assim a romã é o emblema da harmonia social, porque só com as sementes apoiadas umas às outras é que o fruto toma a sua verdadeira forma.*

O pavimento mosaico, emblema da variedade de solo, formado de pedras brancas e pretas, unidas pelo mesmo cimento simboliza a união de todos os maçons do globo, apesar da diferença de cores, de clima e de opiniões políticas e religiosas; são a imagem do Bem e do Mal de que está cheio o caminho da vida.

A Espada Flamígera, arma simbólica, significa que a insubordinação, o vício e o crime devem ser repelidos de nossos Templos e que a Justiça de Salomão, Justiça Maçônica, é pronta e rápida como os raios que despede a espada, emblema, também, da justiça e da nobreza dos sentimento.

O Esquadro, suspenso ao colar do Ven∴ Mestr∴, significa que um chefe deve ter unicamente um sentimento: o dos estatutos da Ordem – e que deve agir de um única forma - com retidão.

O Nível, que decora 1º Vig∴, simboliza a igualdade social, base do direito natural.

O Prumo, trazido pelo 2º Vig∴, significa que o maçom deve ser reto no julgamento sem se deixar dominar pelo interesse nem pela afeição.

O nível sem o prumo nada vale, do mesmo modo que este sem aquele, em qualquer construção. Por isso os dois se completam para mostrar que o maçom tem o culto da igualdade, nivelando todos os homens, cultuando a retidão, não se deixando pender, pela amizade ou pelo interesse, para qualquer dos lados.

Ven∴ - Por que os Aprendizes trabalham do meio dia à meia noite, Ir∴ 2º Vir∴?

2º Vig∴ - É uma homenagem a um dos primeiros instituidores dos mistérios, Zoroastro, que reunia secretamente seus discípulos ao meio dia e terminava seus trabalhos à meia noite, por um ágape fraternal

Capítulo 22
Quarta Instrução

Ven∴ - Que forma tem nossa Loja Ir∴ 1º Vig∴?

1º Vig∴ - A de um quadrilongo.

Vem∴ - Qual a sua altura?

1º Vig∴ - Da terra ao céu.

Ven∴ - Qual o seu comprimento?

1º Vig∴ - Do Oriente ao Ocidente.

Ven∴ - E a sua Largura?

1º Vig∴ - Do Norte ao Sul.

Ven∴ - Qual a sua profundidade?

1º Vig∴ - Da superfície ao centro da Terra.

Ven∴ - Por que meu Ir∴?

1º Vig∴ - Porque a Maçonaria é universal e o universo é uma imensa oficina.

Ven∴ - Por que razão está nossa Loja situada do Oriente para o Ocidente, Ir∴ 2º Vig∴?

2º Vig∴ - Porque, assim como a luz do Sol vem do Oriente para o Ocidente, as luzes do evangelho da civilização vieram do Oriente, espalhando-se depois pelo Ocidente.

Ven∴ - Em que base se apoia a nossa Loja?

2º Vig∴ - Em três grandes Colunas: Sabedoria, Força e Beleza.

Ven∴ - Quem representa o pilar da Sabedoria?

2º Vig∴ - O Venerável Mestre, no Oriente.

Ven∴ - E os da Força e da Beleza, quem os representa?

2º Vig∴ - O 1º Vig∴, no Ocidente, o da Força; e o 2º Vig∴, no Sul, o da Beleza.

Ven∴ - Por que o Venerável representa o pilar da sabedoria?

2º Vig∴ - Porque dirige os obreiros que compõem a Ordem.

Ven∴ - Por que representais o pilar da Força, Ir∴ 1º Vig∴?

1º Vig∴ - Porque pago aos obreiros o salário que é a força e a manutenção da existência.

Ven∴ - E o 2º Vig∴, por que é o da Beleza?

1º Vig∴ - Porque faz repousar os obreiros, fiscalizando-os no trabalho.

Ven∴ - Por que a Loja é sustentada por três colunas?

1º Vig∴ - Porque a Sabedoria, a Força e a Beleza são complemento de tudo; sem elas nada é perfeito e durável

Ven∴ - Por que meu Ir∴?

1º Vig∴ - Porque a Sabedoria cria, a Força sustenta e a Beleza adorna.

Ven∴ - Por que a Maçonaria combate a ignorância em todas as suas formas?

1º Vig∴ - Porque a ignorância é a mãe de todos os vícios e seu princípio é: *nada saber, saber mal o que sabe e saber coisas outras além do que deve saber*. Assim, o ignorante não pode se medir com o sábio cujos princípios são a tolerância, o amor fraternal e o respeito a si mesmo. Eis porque os ignorantes são grosseiros, irascíveis e perigosos; perturbam e desmoralizam a sociedade, evitando que os homens conheçam seus direitos e saibam, no cumprimento de seus deveres, que, mesmo com constituições liberais, um povo ignorante é escravo. São inimigos do progresso que, para melhor dominar, afugentam as luzes, intensificam as trevas e permanecem em constante combate contra a verdade, contra o Bem e contra a perfeição.

Ven∴ - E por que combatemos o fanatismo Ir∴ 2º Vig∴?

2º Vig∴ - Porque é a exaltação religiosa que perverte a razão e conduz os insensatos à, em nome de Deus e para honra-Lo, praticarem ações condenáveis. É um afastamento da moral, uma moléstia mental, desgraçadamente contagiosa, que, implantada em um país, toma os foros de princípio, em cujo nome nos execráveis autos da fé, fizeram perecer milhares de indivíduos úteis à sociedade. A superstição é um culto falso, mal compreendido, repleto de mentiras, contrário à razão e às sãs ideias que se deve fazer de Deus; é a religião dos ignorantes, das almas timoratas. Fanatismo e superstição são os maiores inimigos da religião e da felicidade dos povos.

Ven∴ - Para nos fortalecermos nos combates, que devemos manter contra esses inimigos, qual o laço sagrado que nos une?

2º Vig∴ - A solidariedade, Ven∴ Mestre.

Ven∴ - Será por isso que comumente se diz que a Maçonaria proporciona a seus adeptos vantagens morais e materiais?

2º Vig∴ - Essa afirmação não corresponde à verdade. O proveito material, como interesse unicamente individual, não entra nas cogitações dos verdadeiros maçons a as vantagens morais resumem-se no adquirir a firmeza de caráter como consequência natural da nítida compreensão dos deveres sociais e dos altos ideais da Ordem.

Ven∴ - Como podeis fazer tal afirmação, se todos dizem que a solidariedade maçônica consiste no amparo incondicional de uns a outros maçons, quaisquer que sejam as circunstâncias?

2º Vig∴ - É a mais funesta interpretação que se tem dado a esse sentimento nobre que fortalece os laços da fraternidade maçônica. O amparo moral e material, que, individual e coletivamente, devemos aos nossos irmãos, não vai até o dever de proteger aos que, conhecedores de suas responsabilidades sociais, se desviem do cominho da moral e da honra.

Ven∴ - Que solidariedade, então, é a que deve existir entre nós, Ir∴ 1º Vig∴?

1º Vig∴ - É a solidariedade mais pura e fraternal, mas somente para com os que praticam o bem e sofrem os espinhos da vida; para os que, nos trabalhos lícitos e honrados, são infelizes; para os que, embora rodeados da fortuna, sentem na alma os amargores das desgraças; enfim, a solidariedade maçônica está onde estiver uma causa justa.

Ven∴ - Não jurastes, então, defender e socorrer vossos irmãos?

1º Vig∴ - Jurei sim, Ven∴ Mestre, e, sempre que posso correspondo a esse juramento. Quando, porém, um irmão esquecidos dos princípios e dos ensinamentos maçônicos, se desvia da moral que nos fortifica para se tornar mau cidadão, mau esposo, mau pai, mau filho, mau irmão, mau amigo, quando cego pela ambição ou pelo ódio, pratica atos que consideramos indignos de um Maçom, ele, e não nós, rompeu a solidariedade que nos unia e que não mais poderá existir porque, se assim a praticássemos, seria pactuarmos com ações de que a simples conivência moral nos degradaria, por isso que o maçom, que assim procede, deixou de ser irmão, perdeu todos os direitos ao nosso auxílio material e, principalmente, ao nosso amparo moral.

Ven∴ - Não deveis, porém, dar preferência, na vida pública, a um irmão da Ordem sobre um profano?

1º Vig∴ - Em igualdade de circunstâncias, é meu dever preferir um irmão, sempre que para fazê-lo não cometa uma injustiça que fira a minha consciência. Os ensinamentos de nossa Ordem nos obrigam a proteger um irmão em tudo que for justo e honesto. Não será justo nem honesto proteger o menos digno, mesmo que seja irmão, preterindo os sagrados direitos do mérito e do valor moral e intelectual.

Ven∴ - Então, sistematicamente, não favoreceis a um irmão?

1º Vig∴ - Sem outras razões, não. A nossa Ordem nos ensina a amar a Pátria, e, portanto, a sermos bons cidadãos. Não o seríamos nem nós poderíamos julgar merecedores desse nobre título e da confiança de nossos irmãos, se, ao bem público, antepuséssemos os interesses de uma pessoa menos apta ou menos digna de trabalhar pelos interesses da sociedade e da Pátria.

Ven∴ - Como, então, a voz pública acusa os maçons de progredirem no mundo profano graças ao nosso sistema de recíproca proteção?

1º Vig∴ - São afirmações dos que, não conhecendo a razão das coisas, julgam incondicional a nossa solidariedade. Se há Maçons eu galgam posições elevadas e de grandes responsabilidades sociais, a razão evidentemente se oculta no seguinte: a nossa Ordem não acolhe profanos sem antes examinar a sua inteligência, o seu caráter e a sua probidade. Daí ser natural que de nossa Ordem, cuidadosamente selecionados, surjam cidadãos que se destaquem por suas qualidades pessoais, tornando-se, assim, dignos de serem aproveitados na conquista do progresso e da felicidade do povo.

Ven∴ - Concluis, então, que em nossa Ordem não haja desonestos?

1º Vig∴ - Nada é perfeito, ainda, no mundo. Não deixo de reconhecer que, muitas vezes, temos nos enganado na escolha de alguns elementos, apesar do rigor de nossas sindicâncias. Assim, infelizmente, maus elementos, com o único fito de tirar proveito pessoal de nossa associação, se tem infiltrado em seu seio. Alguns, pela natural influência da vida e da prática maçônica, regeneram-se e transformam-se em bons e proveitosos obreiros. Para os que são insensíveis à ação de nossa moral e de nossos princípios, a nossa Lei nos fornece meios seguros e prontos de separarem o joio do trigo, o que devemos fazer sem temor nem vacilação. Só assim fortificaremos nossas colunas pela exclusão dos elemento refratários aos ensinamentos austeros e elevados dos princípios maçônicos.

Ven∴ - Em que consiste, então, a nossa fraternidade?

1º Vig∴ - Em educarmo-nos, instruirmo-nos, corrigindo os nossos defeitos e sendo tolerantes para com as crenças religiosas e políticas de cada um. A nossa fraternidade nos ensina a dar e não a pedir, sem justa necessidade.

Ven∴ - Sob o influxo dessas doutrinas, continuemos, meus irmãos, os nossos trabalhos para maior glória, honra e esplendor de nossa Ordem.

Capítulo 23
Quinta Instrução

A Simbologia dos Números
(Grau de Aprendiz: 1 – 2 – 3 – 4)

Ven∴ - Meus IIr∴, vamos dar a última instrução do Grau de Aprendiz. Depois de conhecido o Painel da Loja, isto é, a forma por que deve proceder para galgar os degraus da escada que há de, futuramente, transportá-lo do plano físico ao plano espiritual, o aprendiz recebeu três outras instruções, que lhe puseram ao corrente dos símbolos e emblemas, concernentes ao seu grau.

Nessa quinta instrução, completará os conhecimentos de que necessita para caminhar avante na trilha que encetou, ficando de posse do conhecimento da simbologia dos quatro primeiros números: 1 – 2 – 3 – 4 , pelo qual verá como esses números, além do seu valor intrínseco, representam verdades misteriosas e profundas, ligadas intimamente à própria simbologia das alegorias e emblemas que, todas as vezes que ele penetra nos Templos Maçônicos, se patenteiam à sua vista.

Tendes a Palavra Ir∴ Orador.

Orador – De certo já tendes reparado, meus IIr∴, na coincidência que apresentam a bateria, a marcha e a idade do Aprendiz Maçom. Todas encerram o número três: Três pancadas, para a bateria; três passos, para a marcha; e três anos, para a idade.

Como vedes, o número três é primordial no grau de aprendiz e, se este quiser realmente estar em condições de passar a companheiro, deve estudar cuidadosamente as propriedades desse número, seja nas obras dos pitagóricos, seja na Kabala numérica, seja ainda nas obras de arquitetura e arqueologia iniciática, de Vetrúvio, Ramée, etc.

É de toda a conveniência que o maçom "especulativo" não se desinteresse dessa parte do Ensino Iniciático, sobretudo se ele tiver o legítimo desejo de compreender qualquer coisa da Arquitetura da Idade Média e da Antiguidade e, sem geral, das grandes obras concebidas e executadas pelas Ordens de Companheiros Construtores.

O emprego dos números, sobretudo de alguns números, em todos os monumentos conhecidos, é muito frequente, para que se creia que só o acaso os tenha produzido.

E, nisso, a História vem em nosso auxílio.

Todos os povos da Antiguidade fizeram um uso todo emblemático, todo simbólico, dos números e das formas e, em geral, do número e da medida.

A obra moderna do sábio astrônomo francês, o Abade Moreaux, "Sciencia Mysteriosa dos Pharáos", constata para nós de um modo absoluto, provando a evidência que as dimensões, orientação e forma das Pirâmides, obedeceram a razões poderosíssimas, pois que elas encerram, além de outras verdades (provavelmente ainda não encontrada), a direção do Meridiano Terrestre, o valor entre a circunferência e o seu raio, a medida de peso racional (a libra inglesa), etc., até a distância aproximada da Terra ao Sol.

Todos os povos da Antiguidade tiveram um sistema numérico, ligado intimamente à sua religião e ao seu culto. E este fato é resultado da ideia que então se fazia do mundo, ideia segundo a qual a matéria é inseparável do espírito, do qual exprime a imagem e a revelação.

Enquanto a matéria for necessariamente a forma e a dimensão, enquanto o mundo for uma soma de dimensões, existirá o número, e cada coisa terá seu número, do mesmo modo que sua forma e dimensões.

Há números, entretanto, que parecem predominar na estrutura do mundo, no tempo e no espaço e que formam, mais ou menos. A base fundamental de todos os fenômenos da natureza.

Esses números foram sempre tidos como sagrados, pelos antigos, como representando a expressão da ordem e da inteligência das coisas, com exprimindo, mesmo a própria divindade.

Com efeito, se supusermos que as coisas materiais são apenas um invólucro que cobre o invisível, o imaterial, se as considerarmos somente como símbolos dessa imaterialidade, com mais forte razão os números, concepção puramente abstrata, poderão ser considerados sagrados, pois que eles representam, até certo ponto, a expressão mais imediata das Leis Divinas (que são as Leis Naturais), compreendidas e estudadas neste Mundo.

Vê-se, pois, que os números se prestam facilmente a tornarem-se símbolos, figuras das ideias simples e de suas relações; e toda a doutrina das relações morais e de ligação indestrutível com o mundo material, isto é, a filosofia, foi sempre exposta por um sistema numérico e representada por números.

A China, a Índia, a Grécia (mesmo antes de Pitágoras) conheceram e empregaram a "Ciência dos Números" e seu simbolismo é, em grande parte, baseado nessa ciência.

O Número Um

O número *um*, a unidade, é o princípio dos números, mas a unidade só existe pelos outros números. Todos os sistemas religiosos orientais começaram por um *ser primitivo*; e, conquanto esta abstração não tenha positivamente uma existência real, tem contudo um lado positivo, que a torna suscetível de uma existência definida: é o que os antigos denominavam *Pathos*, isto é – o desejo ou ação de sair do *absoluto*, a fim de entrar no real – (para nós quer dizer: *concreto*).

Nos sistemas panteístas, nos quais a divindade é confundida, como unidade, com o *todo*, ela tem o nome de *unidade*.

A unidade não é compreendida senão por efeito do número dois; sem este, ela se torna idêntica ao *todo*, isto é, se identifica com o próprio número.

A natureza do número *dois*, em sua relação com a unidade, representa a divisão, a diferença.

O Número Dois

O número dois é o número terrível, o número fatídico.

É símbolo dos contrários, e, por consequência, da dúvida, do desequilíbrio e da contradição.

Para mostrar isso, tomemos o exemplo concreto de uma das sete ciências maçônicas: - A Aritmética. $2 + 2 = 2 \times 2$

Até na matemática, o número dois produz confusão, pois ao vermos o número 4 (que mais adiante estudaremos) ficamos na dúvida, se é o resultado da combinação de sois números dois, pela soma ou pela multiplicação, o que não se dá, em absoluto, com outro qualquer número.

Ele representa – o Bem e o Mal – a Verdade e a Falsidade – a Luz e as trevas – a Inércia e o Movimento -, em fim, todos os princípios antagônicos, adversos.

Por isso, representa, na antiguidade, "o Inimigo", símbolo da Dúvida, quando nos assalta o espírito.

O Aprendiz não se deve aprofundar no estudo deste número porque, fraco ainda de cabedal científico das nossas tradições, pode enveredar pelo caminho oposto ao que deveria seguir.

Esta é, ainda, uma das razões, pela qual o aprendiz é guiado nos seus trabalhos iniciáticos: - a sua passagem pelo número – 2 – que, duvidoso, traiçoeiro, fatídico, pode arrasta-lo ao abismo da dúvida, do qual só sairá se o forem buscar.

O Número Três

A diferença, o desequilíbrio, o antagonismo que existem no número dois, cessam, repentinamente, quando se lhe ajunta uma terceira unidade. A instabilidade da divisão ou da diferença, aniquilada pelo acréscimo de uma terceira unidade, faz com que simbolicamente, o número três se converta, também, numa unidade.

Porém a nova unidade não é mais uma unidade vaga, indeterminada, na qual não houve intervenção alguma; não é mais uma unidade idêntica com o próprio número, como acontece com a unidade primitiva; é uma unidade na qual se interveio, e que absorveu e eliminou a unidade primitiva, verdadeira, definida e perfeita. Foi assim que se formou o número três. Ele se tornou a unidade da Vida, do que existe por si próprio, do que é perfeito.

Eis ai porque o neófito vê, no Or∴, o Delta Sagrado, luminoso, emblema do "Ser" ou da "Vida", no seio do qual brilha ainda a letra IOD, inicial do Tetragrama IEVE.

Ramée assim explica: O Triângulo, entre as superfícies, é a forma que corresponde ao número três, e tem a mesma significação deste. Assim como o número três é o primeiro número completo, da série numérica, do mesmo modo o triângulo o é entre todas as formas. Porque o ponto e a linha por si só, são coisas imperfeitas e são necessárias três dimensões para que um objeto tenha forma, esteja completo.

O triângulo, composto de 3 linhas e 3 ângulos, forma um todo completo e indivisível.

Todos os outros polígonos se subdividem em triângulos e são compostos de triângulos. Estes são, pois, o tipo primitivo que serve de base à construção de todas as outras superfícies, e é símbolo da existência da divindade, bem como da sua "potência produtiva" ou da Evolução.

Quando o novo iniciado abre os olhos à Luz da Verdade, ele nada encontra, no Templo, que se relacione, simbolicamente, com o número um; Isto é natural, porque, para facilitar o estudo dos números, a Maçonaria faz uso de emblemas, para atrair a atenção sobre as suas propriedades essenciais.

E Assim deve ser, porque nada do que é sensível, pode ser admitido a representar a Unidade. Com efeito, nós só percebemos fora e em volta de nós diversidade e multiplicidade. No entretanto, se a Unidade não nos aparecer naquilo que nos é exterior, parece, pelo contrário, residir no nosso íntimo.

Todo o ser pensante tem a convicção, o sentimento inato de que é um.

Esta unidade, que está em nós, se manifesta por sua vez na nossa maneira de pensar, agir e sentir.

Nossas ideias, levadas ao pensamento de um todo harmônico, fazem nascer em nós a noção do "Verdadeiro". E, sem dúvida, este é o talismã mais precioso que pode possuir o iniciado, quando condena o seu Ideal no Justo, no Belo e no Verdadeiro, simbolizados no candelabro de 3 luzes que ele vê sobre o Altar do Venerável, ideal que é o polo único para o qual tendem todas as aspirações humanas.

Como Ramée, O. Wirth diz que o binário é o símbolo dos contrários, da divisão e recomenda que não deve o neófito estacionar no número dois, pois que se condenaria à luta estéril, à oposição cega, à contradição sistemática, etc.; ficaria o neófito, em suma, escravo desses princípios de divisão que a Antiguidade simbolizou e estigmatizou sob o nome de Inimigo (Agramainu, Cheitan, Satan, Mara, etc.).

Foi então necessário proceder à conciliação dos antagonismos, *"condensando no Ternário o Binário e a Unidade"*.

Três, é o número da *Luz* (Fogo, Chama e Calor).

Três, são os pontos que o neófito deve se orgulhar de apor ao seu nome, em que pese aos nossos adversários ignorantes, quando pensam nos ridicularizar com o epíteto de – *Irmão três pontinhos*.

Estes três pontos, como o Delta Luminoso e Sagrado, são um dos nossos emblemas mais respeitáveis.

Eles representam todos os ternários conhecidos (dos quais falaremos mais adiante) e especialmente as três qualidades indispensáveis ao Maçom:

Vontade

*

Amor ou Sabedoria   *   *   Inteligência

Estas qualidades são absolutamente inseparáveis uma da outra e devem existir, em equilíbrio perfeito, no candidato à Iniciação, para que ele possa ter uma Iniciação real, vivida e não emblemática.

Senão vejamos: Experimentemos, por um momento, separar estas qualidades uma da outra e veremos, sempre, que elas caracterizarão o desequilíbrio.

Suponhamos um ser dotado unicamente de vontade, de energia, porém sem o menor sentimento afetuoso e desprovido de intelectualidade. Que resultará?

Um verdadeiro bruto.

Dotemos agora alguém de Inteligência e arranquemos dele a Vontade e a Sabedoria, que é a expressão do Amor: teremos o pior dos egoístas e dos inúteis, um terreno onde a "boa semente" não germinará e que os ervas daninhas em breve inutilizarão.

Demos, finalmente, ao homem unicamente o Amor (Sabedoria), sem sombra de Vontade ou de Inteligência. Sua bondade será inútil, suas melhores aspirações serão condenadas à esterilidade, porque não são postas em ação por uma Vontade forte agindo sob o controle da Razão.

Tomemos agora, por pares, essas virtudes: Dotemos, ao mesmo tempo, uma criatura de Vontade e Inteligência, mas tiremos todos o sentimento afetuoso em relação aos seus semelhantes. Esse homem poderá ser um gênio, mas será também, muito provavelmente, um monstro de egoísmo e, como tal, condenado a desaparecer.

Suponhamos, agora, um ser dotado de Coração e de Inteligência, mas sem vontade, sem energia. Teremos uma criatura mole, de caráter passivo, que certamente não fará mal a ninguém, que terá mesmo belas aspirações, um Ideal elevado, mas nunca chegará a realizá-lo, por falta de energia. Em suma, um inútil.

A energia unida ao Amor daria melhor resultado, porém a falta de Inteligência impedirá sempre o ser bom e ativo, de fazer obra verdadeiramente útil, porque discernimento, função da Inteligência lhe faltaria. Não poderia aplicar suas belas qualidades; correria mesmo perigo de sob a direção de um mau intelecto, tornar-se servidor das forças do mal, por falta de discernimento.

Vede, pois, meus IIr∴, que todo o Maçom que quiser ser digno desse nome deve cultivar igualmente essas três qualidades, representadas pelos três pontos (∴) que apõe ao seu nome, representando as três estrelas que brilham no Oriente da Loja.

O ternário pode, ainda, ser estudado sob múltiplos pontos de vista, dos quis citaremos apenas os principais, que são:

Do tempo: Passado – Presente – Futuro.

Do movimento diurno do sol: Nascer – Zênite – Ocaso.

Da vida: Nascimento – Existência – Morte ou (Mocidade – Madureza - Velhice

Da Família: - Pai – Mãe – Filho.

Da constituição oculta do ser: Espírito – Alma – Corpo.

Do Hermetismo: - Archeo – Azoth – Hilo.

Da Gnose: Princípio – Verbo – Substância.

Da Kabala Hebraica (da qual são tiradas as PP∴ SS∴ e de P∴ da Maçonaria) Keter (coroa) – Hockma (Sabedoria) – Binah (Inteligência).

Da Trindade Cristã: Pai – Filho – Espírito Santo.

Da Trimuti Hindu: Brahma – Vishnu – Siva. Ou (Sat – Chit – Ananda)

 Ainda na **Índia** dos "Três Gounas"; ou qualidades inerentes à Substância Eterna {Maia} Tumas (Inércia) – Rajas (Movimento) – Sattva (harmonia).

Do Budismo: Buda (Iluminado) – Dharma (lei) – Sanga (Assembleia dos fiéis).

Do Egito: Osíris – Isis – Hórus; ou Amon – Mouth – Khons.

Ainda no **Egito**, do Sol: Hórus (Nascer) – Ra (Zênite) – Osiris (Ocaso).

Da Caldéia: Ulomus (Luz) – Olusurus (Fogo) – Eliun (Chama).

E ainda muitos outros ternários, cuja explicação se afastaria dos moldes desta instrução.

Em toda a parte se encontra, pois, o número três, o Ternário, do qual o Delta Sagrado é o mais luminoso e, talvez, o mais puro emblema e, nas Loja Maçônicas, ainda é simbolizado pelos três grandes Pilares: SABEDORIA – FORÇA – BELEZA que representam as Três Grandes Luzes colocadas sobre o Painel da Loja, a primeira no Oriente, a Segunda no Ocidente e a terceira no Sul, de acordo com a orientação das "Três Portas" do Templo de Salomão.

O Número Quatro

No centro do Delta Sagrado está colocada a letra IOD, inicial do Tetragrama (4 letras) IEVE, símbolo da Grande Evolução ou – "do que foi" – " do que é" – "do que será".

O Tetragrama IOD – HE – VAU – HE, apesar de se compor de 4 letras, tem somente 3 diferentes (IOD – HE – VAU), para simbolizar as três dimensões dos corpos: comprimento, largura e altura ou profundidade.

A letra VAU, cujo valor numérico é 6, indica as 6 faces dos corpos.

O Tetragrama, com as suas 4 letras, tem afinidade com a Unidade, pois 4 e 1 são quadrados perfeitos, porém só tem 3 letras diferentes para indicar que, a partir de 3, os números entram numa nova fase.

Finalmente, o Tetragrama lembra ao Aprendiz que ele passou pelas quatro provas dos Elementos: - Terra – Ar – Água – Fogo. Colocado a Nordeste da Loja ele vai recomeçar estas 4 provas, no caminho para o 2º grau; porém, desta vez, tendo recebido a Luz e podendo caminhar só, no Templo – embora ajudado pelos conselhos fraternos de seus IIr∴ e pela experiência dos seus Instrutores. Enfim, responsável por si mesmo, seus pensamentos, suas palavras e seus atos devem sempre demonstrar que tem consciência do Juramento que prestou ao Ter ingresso no Templo do Ideal, cujo serviço aceitou livremente, sem constrangimento nem restrição de espécie alguma.

Venerável Mestre, está terminada a 5ª instrução.

Ven∴ - IIr∴ Aprendizes, lede e meditai profundamente sobre esta instrução; ela vos abrirá os olhos aos problemas mais transcendentes, cujo estado ainda não vos é permitido, mas que se apresentarão, de certo, ao vosso espírito, fortificado e esclarecido com a simbologia dos números (!) Repousemos, meus IIr∴.

Final das Instruções de Aprendiz Maçom

Capítulo 24
A GLOMEB e sua organização ou a Maçonaria Egípcia no Brasil.

Este texto é de grande interesse para todo aquele estudante que realmente pensa em se aprofundar nos mistérios das Ordens Esotéricas e que tem na Maçonaria, principalmente, a Egípcia como fonte de inspiração para suas pesquisas.

O maçom iniciado na Maçonaria Egípcia no Brasil – GLOMEB tem por obrigação conhecer os fundamentos da organização a qual pertence, podendo desta forma, esclarecer dúvidas próprias e de terceiros.

Existe uma grande confusão no Brasil, ainda, sobre o termo "Maçonaria", de onde conclui-se que uma boa parte dos brasileiros desconhecem por total o que venha a ser essa sociedade e, aqueles que pensam conhecer, enganam-se, pois julgam que a maçonaria é uma única organização no mundo todo e tem como exemplo a Loja que existe em sua cidade ou no caso das Capitais, a Loja mais perto da sua casa, pois sabemos que nas grandes cidades existem várias Lojas e geralmente cada uma delas pertence a uma ou outra potência ou obediência.

Ainda que a Maçonaria não seja uma só, o espírito norteador dela é único; ainda que existam divisões internas e externas que transformam a maçonaria em uma verdadeira "colcha de retalhos" ou em um quebra-cabeças quase incompreensível, os maçons são os mesmos no mundo todo, com idênticos Sinais, Toques e Palavras que possibilitam reconhecerem-se onde quer que estejam na face da Terra.

Entretanto, fora do Brasil, principalmente na Europa e no Oriente, a história da Maçonaria Egípcia está muito bem delineada. A sua presença na comunidade é constante e a população sabe diferenciá-la, por exemplo, da Maçonaria Escocesa, da Inglesa, da Americana e da Francesa.

Alguns maçons com pouco esclarecimento, embasados em publicações desatualizadas, pensam e divulgam por ai, sem responsabilidade alguma, que a Maçonaria Egípcia nasceu na França, teve seus dias de glória e por lá desapareceu.

Estão enganados. A verdadeira Maçonaria Egípcia nasceu no Egito, nas terras de Memphis, desenvolveu-se por um longo período transferindo-se para o Cairo e depois foi espalhada e absorvida pelo resto do mundo todo, principalmente na França, onde as Lojas, cada vez mais ecléticas   e menos católicas puderam sentir a sua essência e adotá-la como maçonaria esotérica em contraposição às demais que se tornavam cada vez mais políticas e católicas e menos místicas do que realmente deveriam ser.

Confundem-se entre os Ritos de Memphis e de Mizraim.

Tivemos no Conde Cagliostro (Alessandro Cagliostro) um dos nossos maiores divulgadores e mantenedores da Maçonaria Egípcia, uma vez que fora o Grande Copta ou Grão Mestre da Maçonaria Egípcia em sua época, isso entre 1765 a 1795.

Mas, este trabalho visa demonstrar como foi a fixação dos egípcios maçons no Brasil.

Uma primeira colônia desses nossos irmãos, egípcios, estabeleceu-se no Brasil entre 1928 e 1933 e uma segunda colônia se deslocou para cá entre 1960 e 1965 (nas décadas de 70 e 80 intensificaram a vinda para o Brasil), fugindo das opressões e perseguições no Egito, uma vez que por lá, devido ao crescimento de uma facção religiosa considerada extremista, denominada de "Irmandade Muçulmana", tornava-se cada vez mais perigoso ser identificado como maçom, não apenas pelo desprestígio imposto por aquela facção bem como pelo próprio perigo de morte, sumariamente, sem julgamento, pelo fato de que a maçonaria era considerada "anti- islâmica" e, portanto, ela e seus membros deveriam ser procurados, encontrados e convertidos aos islamismos, ou mortos sumariamente.

Um Pouco da História

Em **1914** a Inglaterra declarou que o Egito era um "protetorado" e colocou no trono o **Rei Ahamed Fuad**, descendente de uma família considerada "real" pelos seus súditos mesmo antes de assumir o poder, essa família era formada por "maçons egípcios" desde o ano de 1804.

Em **1922,** uma comissão formada por maçons egípcios e maçons ingleses, negociou junto ao Governo Britânico a independência para o Egito.

Foi justamente nesse ano de **1922** que a Inglaterra concedeu a "independência do Egito" mas essa não era uma independência total, pois os ingleses se reservaram o poder de interferir no país sempre que julgassem necessário.

Uma das primeiras medidas da Maçonaria Inglesa, logo após a independência do Egito, foi obrigar que todas as Lojas Maçônicas aderissem ao Craft (o equivalente a Rito no Brasil) proibindo a preservação ou divulgação de qualquer "rito originariamente egípcio". Dessa forma, nossos irmãos que não concordaram com a substituição da liturgia original por aquela determinado pelos ingleses, acabaram por se mudar para outros países da Europa e um pequeno, mas significativo grupo migrou com destino a Brasil. Isso ocorreu por volta de **1928 a 1933.**

Com a morte do **Rei Fuad I em 1936,** o seu filho **Faruk,** que também era maçom egípcio, assume como Rei e dá prosseguimento ao desenvolvimento da Maçonaria em todo território egípcio.

Em **1945** os maçons egípcios tecem uma grande rede entre todos os maçons árabes e conseguem criar a maior representação maçônica que o mundo já tinha visto, tratava-se da **"Liga Árabe".**

Em **1948** o Egito e outros tantos países árabes tentaram impedir que o Estado de Israel, criado por força de um decreto da ONU, se estabelecesse na Palestina. A guerra se instalou e com ela a insegurança dentro do Egito tomou proporções alarmantes.

Ao final da guerra e com a derrota do Exército Egípcio, o **Rei Faruk** perdeu prestigiou entre a maioria dos seus súditos que pediam o fim da monarquia.

Convencido que a **Maçonaria Egípcia** o havia traído e estava por trás do movimento para o fim da monarquia, o **Rei Faruk** deu início a uma sistemática "caçada aos maçons" ordenando que a Guarda Real invadisse todas as Lojas, prendesse todo maçom e confiscasse os seus bens.

Uma parte que a história não conta e que nós, maços egípcios conhecemos, é que vários dos nossos irmãos foram massacrados durante aquele período, caçados por todo o Egito, tiveram suas vidas ceifadas sumariamente sem que houvesse qualquer tipo de julgamento.

A situação de instabilidade que tomou conta do Egito para os maçons complicou-se no ano de **1948** com a fundação do **Estado de Israel**, esta situação já vinha se desenhando deste o ano de **1940** com o início da **2ª Grande Guerra Mundial** e o ataque alemão contra a Líbia. Piorou durante o período da queda da monarquia, que se deu entre o final do de **1948 e junho de 1952.**

No ano de **1952,** entre os dias **22 e 23 do mês de junho**, o nosso **Irmão Gamal Abdel Nasser**, maçom e General do Exército Egípcio, (na realidade era Coronel e passou para a história como General) que era líder de um grupo denominado "Oficiais Livres" deu um golpe de estado e obrigou o **Rei Faruk I** a abdicar em favor de uma junta provisória militar que assumiria o controle do país, desta vez sem a interferência da Inglaterra.

Infelizmente, para nós, esse movimento da queda do **Rei Faruk I** trouxe consigo o fortalecimento da chamada **"Irmandade Muçulmana"** que era frontalmente contrária a permanência da Maçonaria no Egito.

Nossos irmãos que já haviam sido caçados no final da monarquia perceberam que continuariam com esse sofrimento dentro do outro regime e apesar dos esforços do **General Gamal Abdel Nasser** para poupar os maçons desses ataques, ainda assim existiu muita perseguição o que obrigou nossos irmãos a deixarem o Egito em direção a outros países árabes e mesmo para a Europa onde deram continuidade a **Maçonaria Egípcia** e suas práticas.

O Egito na era de Nasser era um país laico, portanto não voltado a religião muçulmana. Os cristãos coptas, ainda que em minoria viviam dentro do contexto da sociedade, sem discriminação. Mas, a **"irmandade muçulmana"** tornou-se inimiga de Nasser e dos maçons, assim como dos coptas e dos xiitas, todos considerados "minoria e desleais ao islã."

Dentre os nossos irmãos egípcios muitos eram realmente muçulmanos, mas havia uma grande parte de cristãos coptas, os quais são até os dias de hoje perseguidos no Egito, juntamente com a corrente dos xiitas, pois nos dias de hoje como naquele tempo, impera a pressão da "Irmandade Muçulmana" que retornou ao poder com a queda do presidente **Osni Mubarak**, logo após o evento conhecido por **"Primavera do Cairo"** que forçou a troca de governo no país.

Pelas informações que temos em nossos arquivos particulares, a última Loja Maçônica em Território Egípcio manteve-se até por volta de 1970, era denominada de "Loja Egípcia de Champollion" e funcionava na rua Champollion, no Cairo. O prédio em que funcionava a Loja tem um lado histórico muito interessante, pois logo após o final da Segunda Grande Guerra, foi retomado pelos Ingleses que baniram a Loja Egípcia e impuseram no local uma Loja Inglesa que perdurou até 1953 quando os maçons egípcios, ainda que por pouco tempo, ganharam força e recuperam o prédio e o direito de instalar – novamente – a Loja Egípcia.

O último Grão-Mestre foi o Irmão **Nabil Shidon** e a L o j a praticava dois ritos, o REAA de 1804 (deixado pelos franceses) que sempre aborreceu aos ingleses e o Antigo e Primitivo Rito Oriental de Memphis- Mizraim (APROMM).

Nabil Shidon, que tem uma biografia maravilhosa e que será objeto de um estudo especial no futuro publicado para os membros da Maçonaria Egípcia, não aceitava o título de "Sereníssimo" que era um tratamento francês (assim como o de eminente) e muito menos o de Grão-Mestre, pois quando entre os irmãos egípcios, preferia ser tratado pelo título de **Grande Copta.**

História Recente

Possivelmente, este é o último capítulo sobre a história da Maçonaria no Egito, obra grandiosa que já ostentou um belíssimo prédio na região de Gizze nas proximidades das "três grandes pirâmides", prédio aquele que era denominado de "Massonic Hall" e congregava irmãos de vários ritos, os quais após as sessões sentavam-se em uma vasta varanda para saborear um suco de laranja ou suco de cana (caldo de cana), ambos bem gelado e muito apreciado pelos egípcios.

Por volta de 1970, um processo bem arquitetado pela "Irmandade Muçulmana" levou os sábios da Universidade Al Azhar do Cairo, que cuidam da jurisprudência aplicada a Lei Sagrada Islâmica, a definir "maçonaria" como um "antro onde se reúnem os conspiradores contra o Islã". Ao mesmo tempo que buscaram o amparo dos sábios da universidade, a irmandade muçulmana influenciou o governo a elaborar um decreto para punir as empresas ou associações que cometessem "desvio de conduta ou finalidade".

A Maçonaria estava na mira dos religiosos e agora dos fiscais do governo e da justiça Egípcia.

Em pouco tempo após o decreto foi aberta uma investigação que concluiu com o "desvio de finalidade" da maçonaria, como sendo um local de reunião política partidária e utilizado para conspirar não apenas contra o governo, mas principalmente contra o Islã, seus membros teriam enriquecido ilegalmente e isso era crime frente a a religião muçulmana.

Era tudo o que os inimigos da maçonaria precisavam para prender os maçons, fechar as lojas e proibir definitivamente a reabertura.

Essa determinação prevalece até os dias de hoje, em 2013.

A única forma que os nossos irmãos encontraram para prosseguirem com suas sessões e praticar maçonaria, foi se esconderem nos chamados "clubes sociais" e dentre eles se destacam o "Rotary international" e o "Lions Club" bem como nas Igrejas Coptas e até nas Igrejas Evangélicas que são solidárias aos maçons egípcios.

Vale a pena destacar que durante todos os períodos de perseguição que a Maçonaria Egípcia passou, um "porto seguro" para todos os maçons sempre foi a "Igreja Ortodoxa Antioquina" que preservou nossos segredos resguardando nossos rituais e ainda, de uma forma especial, mantendo nas paredes internas dos seus templos toda uma decoração que lembra uma Loja Maçônica.

Um Pouco da História no Brasil

Com a chegada dos primeiros irmãos maçons egípcios no Brasil, como já dissemos por volta de **1928 a 1933,** fixaram-se nas áreas portuárias, com preferência para a Cidade do Rio de Janeiro e de Santos, no Litoral de São Paulo.

Para prosseguirem com a prática que trouxeram da sua pátria, os egípcios, aqui no Brasil, buscaram amparo em Lojas Maçônicas já existentes e encontraram melhor acolhida dentre as Lojas do Direito Humano, que naquela época ainda não ostentavam esse nome, mas já era um grupo numeroso prontos a formarem o que viria a ser a representação desse segmento francês em solo brasileiro; outra organização, não-maçônica mas que mostrou uma grande simpatia a nossa causa, foi a Sociedade Teosófica, tanto no Rio de Janeiro quanto em Santos e, no mesmo prédio em que atuavam aquelas sociedades foi possível que se estabelece uma Loja da Maçonaria Egípcia e nossos irmãos pudessem abrir aqui, as suas primeiras Oficinas.

Durante a chamada **"Era Vargas"** entre os anos de **1930 e 1945,** nossos irmãos maçons egípcios foram novamente perseguidos pelo governo, mas não só os maçons egípcios assim como toda Loja Maçônica no Brasil foram fechada pela "Polícia de Vargas", os maçons foram novamente caçados, presos e tiveram que dar explicações para o governo. Essa perseguição de Vargas à Maçonaria teve início por volta de **1932** e se estendeu até **1938** repetindo-se depois durante a **Segunda Grande Guerra Mundial.** Em especial os egípcios, que sofreram muito, nos anos **1940 a 1945,** devido a sua situação de estrangeiros no Brasil e supostamente ligados aos países do eixo. (Alemanha, Itália, Japão, Bulgária, Romênia, Hungria, Romênia, Tailândia, Eslováquia, Croácia, Albânia e Manchúria.) apesar de que, historicamente, o Egito nunca se posicionou nem junto aos "países do eixo" ou aos "países aliados".

Nessas duas ocasiões distintas, tanto por volta de **1932 a 1938** bem como entre **1940 e 1945,** nossas Lojas foram fechadas e vários documentos destruídos para que as forças do governo não tivessem acesso aos nomes dos maçons egípcios e pudessem localizá-los e incriminá-los de qualquer forma.

Nota-se que naquela época os nossos irmãos utilizavam-se de nomes alternativos para se identificarem nas lojas. Assim como Don Pedro I adotou o **"ne variatur"** de **Guatimozin** (ou Pedro Guatimozin) quando foi iniciado na Maçonaria. Peço ao leitor que se recorde deste parágrafo quando estiver mais a frente do texto, para que possa compreender melhor o significado dele.

Em **1954,** o Irmão **OCTAIR DE LUNA BERTRAND FERNANDES,**

que havia sido iniciado no REAA pela **ARLS ROOSEVELT** em Belo Horizonte/MG, conheceu a Maçonaria Egípcia e interessou-se pelo REAA de 1804, graduando-se Mestre Maçom e indicado para ocupar o cargo de Grão-Mestre para o Estado de Minas Gerais, onde procurou difundir da melhor forma possível a Maçonaria Egípcia e nossos preceitos.

Nas décadas de 70 e 80 foram instalados vários templos que serviram como Loja da **Maçonaria Egípcia**, já distinta da **Le Droit Human** e da **Sociedade Teosófica do Brasil**, a **Maçonaria Egípcia** crescia e se espalhava tanto pelo Rio de Janeiro, quanto Santos e mais recentemente na Cidade de São Paulo, existem relatos que nossos irmãos chegaram até Belo Horizonte/MG onde ajudaram a fundação de várias lojas que seguiam o Rito Escocês Antigo e Aceito e que, posteriormente, essas lojas juntas vieram a fundar a Grande Loja Symbólica de Minas Gerais.

Nossos registros apontam nomes alternativos de irmãos que frequentavam as sessões naqueles anos entre **1970 e 1990** tais como: "o polonês" que pode estar ligado ao verdadeiro nome de "... Klein", além de outro pseudônimo "Russo" que possivelmente seria do empresário "...Aronson". Ao final deste texto encontramos uma relação com os nomes árabes adotados por nossos irmãos e que se encontram em nossos arquivos. A identificação da maioria deles não nos é permitida, pelo menos não neste momento.

Durante os anos de **1970 e 1990,** nossos Irmãos fixaram duas Lojas de grande importância, na Cidade de **São Paulo**, sendo uma delas no **Edifício Santa Helena** na **Praça João Mendes,** posteriormente derrubado para dar lugar ao início das obras do Metrô, e o outro prédio, onde funcionava a **Loja Isis nº 357, era na Rua Paraguassu nº 193** no bairro de Perdizes, prédio que nos dias de hoje encontra-se abandonado e sujeito a demolição para dar lugar a expansão imobiliária daquela região.

As Lojas da Maçonaria Egípcia sempre pautaram por uma grande discrição, diferente das Lojas no Brasil que adotavam outros ritos e que se expunham muito mais. Em nossas lojas não havia nenhuma identificação externa, desta forma, somente os irmãos conheciam o local do Templo; Na parte administrativa, nossos irmãos nunca tiveram nenhum documento de identificação maçônica, os rituais eram lavrados a mão, copiados do original que por sua vez estava em uma língua denominada de "sahidica ou tebaldica" que é considerada como uma corruptela do Copta, traduzidos para o português para que pudéssemos compreender. Não era permitido aos iniciados levarem seus rituais para casa, pois os rituais pertenciam a Loja e não ao maçom; também não eram permitidas fotos; bem poucas reuniões dos nossos irmãos foram fotografas e essas ocasiões não eram ritualísticas, mas sim de descontração em um almoço ou jantar com as famílias.

Nos anos 70 houve um rompimento entre várias Grandes Lojas no Brasil e   o Grande Oriente do Brasil– GOB - dando surgimento ao Colégio de Grão-Mestres da Maçonaria Brasileira, fundado em 04 de agosto de 1973 com a participação de três maçons dos ritos egípcios e que também eram representantes de outras obediências, eram eles os Irmãos **Frederico Renato Mottola**, Grão- Mestre do Rio Grande do Sul, **Jose de Melo e Silva**, Grão-Mestre do Distrito Federal e **Paulo Rodarte de Faria Machado**, Grão-Mestre do Grande Oriente Independente do Rio de Janeiro e **João Oscar Nelson**, do Grande Oriente de São Paulo.

Naquela época houve a participação ativa dos nossos irmãos maçons egípcios nas tomadas das decisões que transformaram a maçonaria em um sistema mais livre e independente de gestão para uma grande maioria das suas obediências e que em alguns casos perdura até os dias de hoje.

Nos dias de hoje

Dentre os anos **80, 90 e 2000** (até 2002) as Lojas da Maçonaria Egípcia (que trabalhavam apenas com este nome) mantiveram suas atividades normais, porém não se preocuparam com o crescimento da organização, pois a ideia central dos Veneráveis Mestres era manter a discrição e a manutenção de um pequeno número de membros. Entre suas atividades externas estava a participação junto a Loja São Paulo da **AMORC (Rosacruz)** da Rua Borges Lagoa, que era conhecida como "Grande Loja São Paulo", principalmente através de palestras, bem como participação ativa da formação do **Grupo Pró-Vida (ForLife)**, trocando referências com o então seu fundador, o respeitável maçom egípcio e rosacruz **Dr. Celso Charuri**, médico e filosofo, o qual infelizmente faleceu em 1981 aaos 41 anosde idade.

O Dr. Helio Antônio da Silva, atualmente nosso Grão-Mestre, um jovem naquela época, teve a rara chance de conviver por um tempo com o **Dr. Celso Charuri** que se tornou seu orientador particular em vários assuntos ligados ao esoterismo, principalmente na Ordem Rosacruz, Maçonaria e Ordem Templário. Os princípios estudados sobre rosacrucianismo naquela época diferem um pouco daquilo que é ensinado hoje em dia pela AMORC. Sem dúvida alguma, o Dr. Charuri foi a personalidade de grande influência na vida mística e esotérica do Dr. Helio e responsável pelo estímulo no prosseguimento e aprofundamento desses ensinamentos, fornecendo não apenas livros raros, mas principalmente exemplos práticos da alquimia, magia e gnose.

Foi ainda entre os anos **90 e 2000** que a Maçonaria Egípcia colaborou de forma decisiva para fundação de várias Lojas em conjunto com o Grande Oriente do Brasil e com o Grande Oriente Paulista.

Infelizmente, a maçonaria no Brasil, dominada por outras Obediências, seguia cada vez mais o caminho inverso ao esoterismo e procurava se adequar de forma a ser mais agradável politicamente, sendo vista como uma ordem não secreta e apenas discreta, o que levou ao distanciamento da Maçonaria Egípcia que sempre fez questão de encarar os mistérios como algo de muito secreto e não entrar na parte política partidária da história do Brasil, preparando magos e não líderes políticos. Essa dissonância fez com que a Maçonaria Egípcia se isolasse cada vez mais das outras potências, mantendo apenas uma relação de cordialidade com elas. Dessa forma, o processo de reconhecimento entre a Maçonaria Egípcia e potências como o GOB, a GLESP e o GOP nunca chegaram a uma conclusão que fosse satisfatória para todas essas ordens.

Entre o final do ano de **2009** e início de **2010**, a Ordem iniciou uma série de encontros em São Paulo e no Rio de Janeiro, com a finalidade de elegerem um membro mais jovem (comparando com os Veneráveis mais antigos, que contavam com mais de 80 anos de idade) mas que tivesse vasto conhecimento sobre os mistérios e com disposição para dar prosseguimento nos ensinamentos da Maçonaria Egípcia, preservando as suas tradições e seus rituais.

Através da união de três lojas egípcias, a saber: **Loja Isis, Loja Thoth e Loja Osíris**, foi determinada a fundação de uma Grande Loja, nascendo assim a **Grande Loja Regular e Simbólica da Maçonaria Egípcia no Brasil.**

Foi escolhido o **Dr. Helio Antônio da Silva** como aquele que poderia assumir o cargo de Grão-Mestre, com o título de Sereníssimo, uma vez que havia se preparado por longos anos conhecendo tanto os segredos do Antigo Egito quanto outras ciências esotéricas, tais como a Ordem Rosacruz, a Tradicional Ordem Martinista, os Iluminati, a Ordem dos Cavaleiros Templários, a Ordem das Filosofias Ocultas de Agripa e outras.

Os encontros da cúpula da Maçonaria Egípcia foram acontecendo até que o Colégio de Veneráveis Mestres chegou a um consenso para a escolha do nome daquele que seria o Grão-Mestre da Ordem, escolha que aconteceu por volta de **junho de 2009**, dando início aos preparativos para que o escolhido viajasse no ano de **2010** para a **República Árabe de Egito** e terminasse seus estudos supervisionado pelos Antigos Mestres no Cairo e em Luxor.

Foi desta forma que o **Dr. Helio Antônio da Silva**, Grau 33°., ao voltar para o Brasil, sob autorização dos Antigos Mestres e dos Veneráveis das 03 Lojas no Brasil, fundou em 03 de março de 2010 a **Grande Loja Regular e Simbólica da Maçonaria Egípcia no Brasil**, com a sigla **GLOMEB,** dando início ao novo ciclo desta forma de maçonaria, agora remodelada em sua parte administrativa e com uma visão mais atualizada de marketing com a finalidade de expandir os conhecimentos do Antigo Egito por todo o Território Brasileiro, sem perder o seu caráter esotérico.

A Maçonaria Egípcia, em sua forma original sempre adotou o **Antigo Rito Primitivo e Oriental de Memphis-Mizraim** como seu principal ritual e nos primeiros anos, no Brasil, utilizou-se da liturgia do Rito Escocês Antigo e Aceito de 1804 como fora entregue no **Cairo** pelo **Grande Oriente Nacional da França.**

A GLOMEB estabeleceu-se no Oriente de São José do Rio Preto, Noroeste do Estado de São Paulo, onde fundou seu primeiro templo em 2010 e na nova gestão conta, neste ano de 2013, com seis Lojas nesta Cidade e mais 04 espalhadas pelo Brasil, com predominância no Estado do Paraná, em São Paulo na Capital, em Santa Catarina e com o projeto de fundar uma Loja no Estado do Rio de Janeiro, uma em Minas Gerais e outra no Rio Grande do Sul, espera-se, ainda para este ano a instalação de uma Loja na Cidade de Joinville e outra em Campos Novos, ambas na Região Sul.

Atualmente, encontra-se localizada no centro de **São José do Rio Preto, sito à rua Bernardino de Campos nº 3180,** onde ocupa todo o Conjunto 704 do 5º. Andar.

Contamos nos dias de hoje com aproximadamente mil membros espalhados pelo Brasil, cerca de 100 associados concentrados na Cidade de São José do Rio Preto e região.

Além do nosso público interno (associados) participamos de atividades sociais junto a **Casa do Maçom de Barretos, Fundação Abrinq, AACD** e do **Hospital Espírita de São José do Rio Preto – IELAR., Hospital do Amor de Barretos, APAE de Mirassol, Educandário de Mirassol e outros.**

Nossos irmãos recebem benefícios tais como, seguro saúde, convênio odontológico e auxílio-funeral.

O material didático utilizado pela GLOMEB é de primeiríssima qualidade, traduzido dos antigos manuais e rituais da Maçonaria Egípcia que possibilitam o perfeito estudo e entendimento dos rituais dos Graus Simbólicos.

A administração está dividida em várias Secretarias e Subsecretarias ou departamentos, com destaque para o Grão-Mestrado, a Secretaria Geral, para a Diretoria de Ensino e a Diretoria de Ortodoxia do REAA e do ARPOMM. São mais de 20 departamentos, cada um deles ocupado por um diretor com o grau de mestre maçom e na função de Mestre Instalado.

Os membros da GLOMEB recebem instrução dos Altos Graus através de um tratado de reconhecimento com o **Supremo Conselho do Grau 33º.,** com a possibilidade de alcançarem o Grau 33º., do REAA e ainda o Grau 95º., do Antigo e Primitivo Rito Oriental de Memphis- Mizraim.

É permitido a todos os membros da nossa Ordem, ingressarem na Ordem dos **Cavaleiros Templários do Brasil,** através do tratado de reconhecimento e amizade que mantemos com essa Ordem Religiosa, Maçônica e Militar.

Através de um tratado comercial firmado entre o Dr. Helio Antônio da Silva, nosso Grão-Mestre em parceria com algumas agências de turismo no Cairo principalmente a **Dunas**

Travel, sob responsabilidade do nosso Irmão Tito é possível ao nosso associado viajar ao Egito na condição de "turismo cultural" pelo período de 15 dias, desfrutando das belezas do Antigo Egito através das incursões aos Templos e Pirâmides, bem como ao Vale dos Reis e Vale das Rainhas e ainda em Abul-Simbel, com valores muito diferenciados se comparados ao turismo normal.

A GLOMEB pratica a Antiga Maçonaria Egípcia que ensina aos seus membros, tornando-os verdadeiros maçons, capacitando-os a serem reconhecidos por outros maçons no mundo todo através de Sinais, Toques e Palavras, mas ao mesmo tempo em que segue uma doutrina milenar, arroja-se no tempo e no espaço adaptando-se as necessidades da sociedade atual, utilizando-se de ferramentas de ponta, como a internet para proporcionar aos associados, cada vez mais, um estudo mais ágil e de qualidade.

Somos uma potência "considerada tradicional" quanto a aceitação apenas de homens em nossas Lojas, mas reconhecemos as Lojas Mistas e Femininas desde que estejam dentro das normas ou landmarks (de Albert Pike – que é o nosso caso, ou de Mackey). NOTA: desde 2018 temos a Loja Feminina Despertar de Isis, Oriente de São Paulo na Capital, jurisdicionada por nós.

Essa distinção se faz necessária, não pelo fato de qualquer discriminação quanto ao sexo feminino, mas sim pelo motivo que o nosso ritual é uma Liturgia Solar, com predominância de exercícios direcionados a estimular, nos chakras, os pontos necessários para que o homem, enquanto ser físico, desempenhe de forma satisfatória suas atividades neste plano terrestre.

Reforçamos o conceito de que reconhecemos as Lojas Maçônicas da linha egípcia que são formadas por homens e mulheres ou somente por mulheres, pois o nosso conhecimento nos demonstra a total possibilidade e coerência no fato de existirem mulheres que praticam a liturgia Lunar de modo a ativar os chakras femininos.

Nós reconhecemos todas as outras obediências ou potências como legítimas ordens maçônicas, o que não reconhecemos é o direito de elas interferirem em nossas Lojas ou em nossos costumes e acima de tudo reconhecemos todos os maçons como nossos legítimos irmãos.

Somos, portanto, uma Obediência Maçônica, Simbólica e Regular, legitima representante do Grande Oriente Nacional do Egito. Essa é parte da nossa história e organização.

Imagens dos Antigos Prédios da Maçonaria Egípcia

No Egito, A Maçonaria ficava na Rua Champollion n. 11 em um belíssimo Palácio, construído para o Príncipe Said Halin Pacha, conhecido como Said Halin Pacha Palace ou Castelo Cor-de-Rosa. No final da Segunda Grande Guerra Mundial, o Palácio foi confiscado pelos britânicos, que impuseram a retirada da Maçonaria Egípcia, substituindo-a por outra potência obrigatoriamente da língua Inglesa e dirigida pela GLUI (Grande Loja Unida da

Inglaterra). Foto do Palácio extraída da internet e dados históricos conforme constam no Jornal Al-Ahran publicado no Cairo, exemplar do ano de 2005, data 24 a 30 de novembro.

Foto acima:

LOJA ISIS 357

RUA PARAGUASSU N. 193/201 PERDIZES/SÃO PAULO/SP – Local que a Maçonaria Egípcia se instalou e permaneceu entre 1973 até 2003. Foi nesse prédio que o atual Sereníssimo

Helio A. Silva foi iniciado em março de 1979 com a idade de 18 anos, no Grau de Aprendiz Maçom Egípcio.

PALACETE SANTA HELENA PRAÇA DA SÉ/SÃO PAULO, onde se instalou a Maçonaria Egípcia entre os anos de 1961 e 1970 ou 1971, época em que o prédio fora demolido para dar passagem as obras do Metrô que estavam começando a surgir em São Paulo/Capital.

<u>ANEXO I – Instrução Especial</u>

As diferenças entre o Antigo e Primitivo Rito Oriental de Memphis-Mizraim e o Rito Escocês Antigo e Aceito.

1. Na abertura, o 1º.VG repete ao 2º.VG e vice-versa, todas as ordens do VM;

2. As Colunas B e J são invertidas. B na direita e J na esquerda.

3. Os Vigilantes também invertem as posições.

4. Ambos se sentam nas extremidades das CCol. Próximo a porta de entrada.

5. O VM questiona o 1VG "de onde vindes?" que por sua vez responde: " do fundo do Oriente de Memphis, de uma Loja Egípcia Justa, Perfeita e Regular."

6. No altar do VM encontra-se um compasso aberto com 45º. Um esquadro, ambos entrelaçados conforme o grau, porém nunca sobre o Livro Sagrado, mas sempre ao lado;

7. Também encontramos, no altar do VM obrigatoriamente, uma régua, uma trolha, os rituais simbólicos e a Constituição da Loja.

8. O Livro Sagrado é um volume grosso, capa dura, na cor Violeta (o violeta é a cor do rito), com todas as folhas em branco, frente e verso, exceto as do meio, que contém a fórmula da vida.

9. A Fórmula da vida substitui o nome de Amom-Rá por Ptah, pois ele era considerado pelos egípcios de Memphis como o Supremo Arquiteto do Universo SADU.

10. A aclamaçâo é à Gloria do Supremo Arquiteto do Universo.

11. A bateria do Grau, se dá com batidas do malhete sobre a lâmina de uma espada reta;

12. O VM utiliza constantemente uma espada reta e a flamígera somente nas cerimônias de iniciação;

13. Todos os membros utilizam espadas retas;

14. O VM, na abertura dos trabalhos, utiliza seu nome verdadeiro ao invés do seu cargo;

15. A posição do Secretário é a esquerda e o Orador senta-se a direita do VM;

16. O Sol fica a esquerda e a Lua a direita do VM;

17. O ritual faz menção a Estrela Sothis (Sirius) que marcava para os egípcios, o início do ano, uma vez que prenunciava a cheia do Rio Nilo em 29 de agosto (aproximadamente); faz menção também "a Pedra Shabako" descoberta em Memphis e que trazia gravada a fórmula da vida e que hoje encontra-se em um museu.

18. A árvore sagrada para os Egípcios não era a Acácia, mas sim a Murta, da qual se extraia o incenso de mirra e uma seiva para a mumificação;

19.   O Apr. Tem PP e PS. A PP é V∴ e a PS é J∴.

20.   A corda de 81 nós, é substituída pela corda de 7 nós.

21.   Existem sessões brancas abertas (públicas) e sessões brancas fechadas (intimas, só para a família dos maçons);

22.   O Sacerdote é oficial ritualístico, sem poderes de governo sobre a Loja, porém indispensável em todas as cerimônias, sua joia é a cruz, um Tau grego, uma Cruz Ansata ou Ank ou ainda uma cruz suástica inversa da cruz dos nazistas.

23.   Os graus simbólicos podem ser transferidos por comunicação (apostilamento) para aqueles que já são iniciados, porém, cada um só poderá requerer o grau idêntico ao que já possuía no REAA ou York ou outros ritos;

24.   O paramento, além do terno preto, é composto por avental e balandrau, a diferença é que este balandrau tem um capuz, que cobre totalmente a cabeça e parcialmente o rosto. Obviamente que a utilização do paramento, pressupõe a utilização ou do terno ou do balandrau, ambos com o avental.

25.   O ritual conta também com a entonação de mantras (Omm – Aum – Ra-Ma).

26. Enquanto o REAA é tipicamente militarizado e hierarquizado, MEMPHIS-MIZRAIM é menos templário (ordem das cavalarias) e mais místico-esotérico.

Observação: Estas diferenças são frutos de um estudo de observação entre os ritos, porém não esgotam o assunto, permanecendo, sempre, a possibilidade de que se enumerem novas diferenças mediante um estudo mais aprofundado nos graus de Companheiro e de Mestre.

ANEXO II – Instrução Especial.

Banquetes

A GLOMEB possui editado o Manual do Banquete Ritualístico nas versões REAA e Memphis-Misraim, que orientam de forma detalhada a ritualística desses banquetes. Abaixo, segue uma versão resumida do ritual de banquete, apenas para que os iniciados tenham uma ideia de como é realizado.

Os banquetes se realizarão, sempre, no grau de aprendiz maçom, para que todos os membros da Loja possam dele compartilhar. A sala em que se realizar deve ficar ao abrigo das vistas profanas.

Ao mês, sempre que possível, será uma única, em forma de ferradura (ômega), com a face interna livre, por onde se fará o serviço. Os irmãos sentar-se-ão em torno, pelo lado externo, ficando o Venerável Mestre no centro, o 1º Vigilante na extremidade do norte e 2º Vigilantes na do Sul. À direita e à esquerda do Venerável Mestre ficam os convidados. O Orador senta-se ao sul, em seguida ao 2º Vigilante. O Secretário, ao norte, logo depois do 1º Vigilante. O M∴

de CC∴, para maior regularidade e ordem, fica à direita do 1º Vigilante, na face interna da mesa. Os demais oficiais e irmãos não têm lugares fixos.

Se, porém, a mesa não comportar na face externa todos os presentes, poderão se sentar os irmãos no lado interno, equitativamente distribuídos a partir dos Vigilantes.

Todos os objetos de mesa deverão ser colocados em fila equidistantes e paralelas. A 1ª, mais próxima dos irmãos, de pratos e talheres; a 2ª, de copos e taças; a 3ª, de garrafas e a 4ª, de flores e enfeites etc.

Em todos os banquetes há brindes obrigatórios, sendo o primeiro feito pelo Venerável Mestre, que por livre critério e iniciativa determinará o início dos brindes, que serão anunciados, após um golpe de malhete, pelo M∴ de CC∴. Durante os brindes cessam as mastigações. Os brindes obedecerão à seguinte ordem que não poderá ser alterada:

1º – Ao Chefe da Nação e ao Governo, pelo Venerável Mestre.

2º – À Sereníssima Grande Loja e a seu Grão-Mestre, por um irmão.

3º - A Loja e a seu Venerável, por um irmão.

4º – Aos Irmão 1º e 2º Vigilantes, por um irmão

5º – Aos Irmãos Visitantes e às Loja da Obediência, pelo Orador.

6º Aos Oficiais e demais Irmãos da Loja, por um irmão.

7º – Aos Irmão infelizes e sofredores espalhados pela superfície da terra, pelo mais moderno irmão do quadro.

Se houver algum brinde especial, este será feito logo depois do 2º.

No ritual egípcio existe uma variante para os brindes que são feitos em nome dos 7 planetas conhecidos na antiguidade, dando-se início pelo Sol. (Encontra-se no livro Ritual de Banquetes deste autor)

O anúncio dos brindes feito pelo M∴ de CC∴ será o seguinte: O Irmão F. . . . vai levantar o brinde em honra a . . . .

O último brinde, porém, será anunciado com todas as formalidades pelo Venerável Mestre e Vigilantes, devendo, durante ele, reinar o mais absoluto silêncio. O Ir∴ que o fizer, falará detrás da cadeira do Venerável Mestre. Terminada essa oração, findará o banquete em absoluto silêncio.

Para se aprofundar ainda mais no estudo sobre o ritual de banquete o leitor poderá adquirir o livro impresso diretamente com o autor ou o formato e-book no site da Amazon pesquisando pelo nome do autor (Helio Antônio da Silva)

Capítulo Especial
Regularidade e Reconhecimento

Ao investigarmos as origens da maçonaria, retrocedemos à época do Collegiun Fabrorum dos romanos, das guildas e dos canteiros de obras, moldando-se como associações que, possivelmente, deram origem aos sindicatos e associações de classe. A estrutura fundamental da maçonaria sempre foi uma associação de homens com a mesma profissão, unindo-se para trabalhar e criar condições e ambientes de trabalho melhores. Nos canteiros de obras, sob a orientação de um mestre de obras, os profissionais podiam aprimorar suas habilidades, recebendo ensino, fiscalização e aperfeiçoamento.

Esta estrutura associativa, que antecede a Idade Média, encontrou raízes no Império Sumério e no Antigo Egito. Uma descrição mais aprofundada da estrutura inicial da maçonaria, seus avanços e transformações, requereria um livro dedicado exclusivamente ao assunto, o que não é o objetivo atual. Neste momento, contentamo-nos com uma breve explicação para destacar que, desde o início da história da maçonaria, nossos irmãos maçons se reuniam em uma estrutura associativa, assemelhando-se ao cooperativismo.

Desde então, eventos sociais impactaram a maçonaria em sua estrutura, finalidade e objetivos sociais, filosóficos, políticos e fraternos. Em uma perspectiva pessoal, o autor sugere que dois ramos dominantes no mundo são a Maçonaria, que influencia a esfera política, e a Rosacruz, que guia a parte fraterna da humanidade. Ele ressalta que a Grande Fraternidade Branca, uma organização praticamente invisível, tem esses dois longos braços: a Maçonaria como o braço político-social-partidário e a Rosacruz como o braço fraterno.

Na visão do autor, a Maçonaria se afastou de sua finalidade original, enquanto a Rosacruz permaneceu fiel ao seu propósito de congregar homens e mulheres para desenvolver o sentimento fraterno pela humanidade. Ele destaca sua experiência como maçom, Rosacruz, Cavaleiro Templário, Martinista e representante da "Liga Contra Iluminatis" no Brasil, ressaltando que, embora a Rosacruz tenha mantido a fidelidade aos ensinamentos originais, existem divergências significativas entre os vários segmentos do rosacrucianismo, que não buscam entendimento ou complementaridade entre si.

A AMORC sofreu várias dissidências internas que culminaram com a criação de outros organismos independentes e, para quem permaneceu na ordem, houve um grande prejuízo devido a mudança na didática de ensino, até o ano de 1980 (aproximadamente) nós que somos estudantes Rosacruz recebíamos um tipo de monografia com uma modalidade de instrução que era muito mais mística se compararmos com as monografias que recebemos nos dias de hoje.

Das múltiplas vertentes que se dizem do seguimento rosacruz, podemos destacar duas: uma, a AMORC que segue preceitos místicos e avoca sua identidade ligada ao tempo do Faraó Akenaton (Amenofis IV) da 18ª. Dinastia; a segunda, Fraternidade Rosacruz de Max Heindel, que se autodenomina Fraternidade dos Cristãos Místicos, que ligam a sua identidade aos preceitos de Jesus Cristo e partindo dele desenvolvem um fantástico estudo especulativo sobre a missão do Cristo e interpretação daquilo que ele realmente veio fazer nesse mundo e do que deixou de ensinamentos.

Portanto, enquanto a AMORC se diz mais antiga e ligada aos mistérios egípcios, a Rosacruz de Max Heindel se posiciona como um centro de estudos cristão-esotérico.

Mas, além de toda essa informação que acabei de transmitir, que é de interesse do Aprendiz de Maçonaria, tem mais, agora relacionada ao quesito "reconhecimento e regularidade" que se aplica tanto a Loja Maçônica e/ou a Potência, bem como ao maçom.

É muito comum que, mesmo o leigo no assunto de maçonaria, tenha uma dúvida em sua cabeça: essa loja é regular, ela é reconhecida?

Muitas das vezes quem faz essa pergunta nem imagina o que tudo isso significa e nem a resposta que deva esperar, pode ser uma resposta afirmativa ou negativa e, pior de tudo, pode ser "mais ou menos", que serve apenas para aumentar a dúvida de quem questionou.

E, esse tipo de questionamento, só existe devido ao trabalho em massa que a maçonaria no Brasil sempre fez e continua fazendo, me refiro as potencias mais antigas, em deixar claro ao público em geral, tanto interno quanto externo, que somente uma potência é que tem o reconhecimento da GLUI Grande Loja Unida da Inglaterra e que sem esse reconhecimento nenhum maçom é maçom de verdade, nenhuma loja é de verdade e somente eles, os tais mais antigos é que praticam a verdadeira maçonaria.

Balela. Ledo Engano.

Essa informação que eles, os mais antigos, passam é totalmente relativa.

Se formos relativizar com as lojas fora do Brasil, principalmente no século 18, quando iniciou os registros da maçonaria na Inglaterra, podemos dizer que – sim – tudo isso é verdade, mas se acompanharmos o desenvolvimento da maçonaria pelo mundo, iremos notar que – não – nada disso é verdadeiro.

Na Inglaterra, onde funciona a GLUI (Grande Loja Unida da Inglaterra), para que algum irmão possa abrir uma Loja Maçônica ele irá necessitar obrigatoriamente da autorização deles, explicando: lá, diferente do Brasil, a lei positivada (escrita) é tão importante quanto a lei consuetudinária (costumes do povo), portanto é costume que uma organização tão antiga quanto a Maçonaria esteja centralizada de forma a permitir ou não a criação de segmentos ou de corpos afiliados, isso lá na Inglaterra. Esse falso poder não se estende a outros países e muito menos aqui no Brasil.

<u>ANEXO II</u>
<u>Abreviaturas utilizadas na Maçonaria dentro e fora do Brasil</u>

É tradição em Maçonaria fazer abreviaturas nos rituais e os impressos maçónicos, através da apócope de palavras escritas, colocando, logo depois do corte na palavra, os três pontos em formato de delta, ou seja, ocupando os três ângulos de um triângulo equilátero. Na origem deste costume, talvez houvesse a intenção de dificultar a leitura destes textos por não maçons, o que na atualidade se revela quase impossível de conseguir.

Existe um certo número de palavras cujas abreviaturas são entendidas pelos Maçons; o que não se pode fazer é chegar ao excesso de abreviar indiscriminadamente qualquer palavra, numa prática que lamentavelmente, tem sido muito seguida, tornando incompreensíveis certos rituais, até para os próprios Maçons do rito.

Para formar as abreviaturas, existem duas regras fundamentais:

O corte das palavras deve ser feito, sempre, entre uma consoante e uma vogal; pôr exemplo: Or∴ = Oriente. A única exceção a essa regra, é a palavra Irmãos, cuja abreviatura mais usada é Ir∴ . Alguns autores costumam citar, também, como exceção, a palavra Aprendiz, cuja abreviatura seria Ap∴; acontece no entanto que essa forma é errada, pois a abreviatura correta seria Apr∴ .

O plural das palavras é feito através da repetição da letra inicial; pôr exemplo: OOr∴ = Orientes; VVig∴ = Vigilantes; IIr∴ = Irmãos. Existe, todavia, uma outra forma, menos costumeira, mas que é usada por algumas Obediências, que consiste na repetição da palavra abreviada, para indicar o plural; exemplos: Or∴ Or∴ = Orientes; Vig∴ Vig∴ = Vigilantes; Ir∴ Ir∴ = Irmãos.

Como se pode ver abaixo, nem sempre estas regras são (foram) respeitadas e a tradição impôs algumas abreviaturas que, não estando corretas, são as usadas.

Como se pode ver abaixo, nem sempre estas regras são (foram) respeitadas e a tradição impôs algumas abreviaturas que, não estando corretas, são as usadas.

<u>**As principais abreviaturas Maçónicas em língua portuguesa:**</u>

À G∴ D∴ G∴ A∴ D∴ U∴ = À Glória do Grande Arquiteto do Universo; a abreviatura é incorreta porque a abreviatura correta de Glória é Gl∴ (assim como de Grande é Gr∴). Desta maneira, o correto seria: À Gl∴ do Gr∴ A∴ do U∴ , ou À Gl∴ do Gr∴ Arq∴ do Un∴

A M∴ F∴ D∴ V∴ = Abreviaturas de palavras conhecidas, só dos Mestres

A∴ = Arquiteto

À∴ G∴ D∴ G∴ A∴ D∴ U∴ = À Glória do Grande Arquiteto do Universo; a abreviatura é duplamente incorreta: primeiro porque coloca os três pontos depois da "`a", onde não houve corte de palavra; e segundo, porque a abreviatura correta de Glória é Gl∴ (assim como de Grande é Gr∴). Desta maneira, o correto seria: À Gl∴ do Gr∴ A∴ do U∴ , ou À Gl∴ do Gr∴ Arq∴ do Un∴

A∴ L∴ = Anno Lucis (Ano da Luz)

A∴ R∴ = Arte Real

A∴ R∴ L∴ S∴ = Augusta e Respeitável Loja Simbólica; a abreviatura é duplamente incorreta, porque elimina o "e" e porque faz o corte da palavra "Augusta" entre duas vogais. Assim, o correto seria Aug∴ e R∴ L∴ S∴ , ou Aug∴ e Resp∴ Loj∴ Simb∴ (esta última é mais certa, já que o "S" é mais reservado para "Sul" e "L" para "Luz")

A∴ S∴ M∴ D∴ = Abreviaturas de palavras conhecidas, só dos Mestres

A∴ V∴ L∴ = Ano da Verdadeira Luz (embora o correto é A∴ da V∴ L∴)

Ac∴ = Acácia

Ág∴ = Ágape

Ág∴ Br∴ = Ágape Branco

Alt∴ = Altar

Alt∴ dos JJur∴ = Altar dos Juramentos

Alt∴ dos PPer∴ = Altar dos Perfumes

Ant∴ = Antigo

Apr∴ = Aprendiz

Aters∴ = Atersata

Aum∴ de Sal∴ = Aumento de Salário

Av∴ = Avental

Bal∴ = Balaústre

Bat∴ = Bateria

C∴ = Companheiro

C∴ do M∴ = Câmara do Meio

Cad∴ de Un∴ = Cadeia de União

Cam∴ de Refl∴ = Câmara de Reflexão (ou Reflexões)

Chanc∴ = Chanceler

Cobr∴ = Cobridor

Col∴ = Coluna

Col∴ Grav∴ = Coluna Gravada

Comp∴ = Compasso

Cons∴ de Fam∴ = Conselho de Família

De N∴ a S∴ , do Or∴ ao Oc, do Z∴ ao N∴ = De Norte a Sul, do Oriente ao Ocidente, do Zénite ao Nadir

Delt∴ Rad∴ = Delta Radiante

Diac∴ = Diácono

E∴ V∴ = Era Vulgar

Entr∴ CCol∴ = Entre Colunas

Esp∴ = Espada

Esp∴ Flam∴ = Espada Flamejante

Estr∴ = Estrela

Estr∴ Flam∴ = Estrela Flamejante

Exp∴ = Experto

FF∴ dd∴ VV∴ = Filhos da Viúva

G∴ A∴ D∴ U∴ = Grande Arquiteto do Universo; o correto Seria Gr∴ A∴ do U∴ , ou Gr∴ Arq∴ do Un∴. Antigos impressos maçónicos registram Gr∴ Arch∴ do Un∴ (na ortografia antiga, e de maneira absolutamente correta; mais modernamente é que surgiu a forma incorreta)

G∴ A∴ L∴ P∴ = Grande e Augusta Loja de Perfeição

G∴ d∴ L∴ = Guarda da Lei

G∴ d∴ T∴ = Guarda do Templo

Gl∴ = Glória

Gr∴ = Grande, ou Grão

Gr∴ M∴ (ou G∴ M∴) = Grão-Mestre

Hosp∴ = Hospitaleiro

Hospit∴ = Hospitalaria

In∴ = Iniciação

Ir∴ ou Irm∴ = Irmão

J∴ e P∴ = Justo e Perfeito

L∴ = Luz

L∴ da L∴ = Livro da Lei

L∴ das SS∴ EE∴ = Livro das Sagradas Escrituras

L∴ de S∴ J∴ = Loja de São João (alguns escrevem L∴ S∴ J∴ , forma não correta, pela falta do "de")

L∴ I∴ Fr∴ = Liberdade, Igualdade, Fraternidade (a forma L∴ I∴ F∴ é errada)

L∴ J∴ P∴ R∴ = Loja Justa, Perfeita e Regular (o correto seria L∴ J∴ P∴ e R∴)

Livr∴ ou L∴ = Livro (L∴ sozinho é mais para indicar a Luz)

Loj∴ = Loja

M∴ da Harm∴ = Mestre da Harmonia

M∴ de CCer∴ = Mestre de Cerimónias

M∴ I∴ = Mestre Instalado

M∴ M∴ = Mestre Maçom

Maç∴ = Maçom

Maçon∴ = Maçonaria

Maçon∴ Fil∴ = Maçonaria Filosófica

Maçon∴ Simb∴ = Maçonaria Simbólica

MM∴ IIr∴ C∴ T∴ M∴ R∴ = Meus Irmãos como tal me reconhecem

MM∴ IIr∴ R∴ C∴ T∴ = Meus Irmãos reconhecem-me como tal

N∴ = Nível

Ob∴ = Obediência

Obr∴ = Obreiro

Oc∴ = Ocidente

Of∴ = Oficina

Ofic∴ = Oficial

Or∴ = Oriente

Orad∴ = Orador

Orat∴ = Oratória

Ord∴ = Ordem

P∴ de A∴ = Peça de Arquitetura

P∴ de P∴ = Palavra de Passe

P∴ M∴ = Past Master

P∴ M∴ I∴ = Past Master Imediato (Mestre Recente)

P∴ Mos∴ = Pavimento Mosaico

P∴ S∴ = Palavra Sagrada

P∴ Sem∴ = Palavra Semestral

Pain∴ = Painel

Peç∴ de Arq∴ = Peça de Arquitetura

Perp∴ = Perpendicular

Pot∴ = Potência

Pr∴ = Prancha

Pranch∴ = Prancheta

Prof∴ = Profano

Prop∴ = Proposta

Q∴ de Loj∴ = Quadro de Loja

Q∴ de O∴ = Quadro de Obreiros

Q∴ P∴ = Quite-Placet

R∴ Adonh∴ = Rito Adonhiramita

R∴ Br∴ = Rito Brasileiro

R∴ de Y∴ (ou R∴ Y∴) = Rito de York

R∴ E∴ A∴ A∴ = Rito Escocês Antigo e Aceite (embora o correto fosse R∴ E∴ A∴ e A∴)

R∴ E∴ R∴ = Rito Escocês Retificado

R∴ F∴ = Rito Francês

Reg∴ = Régua

Rit∴ = Ritualística

Rit∴ e Lit∴ = Ritualística e Liturgia

S∴ F∴ B∴ = Sabedoria, Força, Beleza

S∴ F∴ U∴ = Saúde, Força, União

S∴ S∴ S∴ = Salus, Sapientia, Stabilitas (locução latina, que significa Saúde, Sabedoria e Firmeza, ou Estabilidade) Não é como muitos pensam, dizem e praticam, "Saúde, Saúde, Saúde"

Sagr∴ = Sagração

Sal∴ dos PP∴ PPerd∴ = Sala dos Passos Perdidos

Saud∴ = Saudação

Secr∴ = Secretário

Secret∴ = Secretaria

Seren∴ = Serial Sereníssimo

Sess∴ Br∴ = Sessão Branca

Sess∴ Econ∴ = Sessão Económica

Sess∴ Esp∴ = Sessão Especial

Sess∴ Magn∴ = Sessão Magna

Simb∴ = Símbolo

Sin∴ = Sinal

Sin∴ Cord∴ = Sinal Cordial

Sin∴ de Ord∴ = Sinal de Ordem

Sin∴ Gut∴ = Sinal Gutural

Sin∴ Pen∴ = Sinal Penal

Sin∴ Ventr∴ = Sinal Ventral

Sob∴ = Soberano

Sob∴ Gr∴ Com∴ = Soberano Grande Comendador

Subl∴ Ord∴ = Sublime Ordem

T∴ A∴ F∴ = Tríplice Abraço Fraterna; a abreviatura é incorreta, pois o certo seria Tr∴ Abr∴ e Fr∴ (abreviatura A∴ é mais utilizada para Arquiteto)

T∴ de Del∴ ou T∴ de D∴ = Tábua de Delinear

T∴ de J∴ = Templo de Jerusalém

T∴ do R∴ S∴ = Templo do Rei Salomão

T∴ e F∴ A∴ = Tríplice e Fraternal Abraço; a abreviatura é incorreta, pois o certo seria Tr∴ e Fr∴ Abr∴ (abreviatura A∴ é mais utilizada para Arquiteto)

T∴ J∴ e P∴ = Tudo Justo e Perfeito

T∴ S∴ = Taça Sagrada

Telh∴ = Telhar ou telhamento

Telhad∴ = Telhador

Tr∴ = Tronco

Tr∴ Abr∴ Fr∴ = Tríplice Abraço Fraternal

Tr∴ de Benef∴ = Tronco de Beneficência

Tr∴ de Sol∴ = Tronco de Solidariedade

Tr∴ Fr∴ Abr∴ = Tríplice Fraternal Abraço

Tr∴ GGr∴ LL∴ EEmblem∴ = Três Grandes Luzes Emblemáticas

Traç∴ = Traçado

Triang∴ = Triângulo

Trolh∴ = Trolhar

Un∴ = Universo

V∴ M∴ = Venerável Mestre

Vig∴ = Vigilante

Algumas utilizações que, embora em desacordo com as referidas regras, foram consagradas pelo uso, tais como:

G∴ A∴ D∴ U∴ = Grande Arquiteto do Universo; o correto Seria Gr∴ A∴ do U∴ , ou Gr∴ Arq∴ do Un∴. Antigos impressos maçónicos registram Gr∴ Arch∴ do Un∴ (na ortografia antiga, e de maneira absolutamente correta; mais modernamente é que surgiu a forma incorreta).

À∴ G∴ D∴ G∴ A∴ D∴ U∴ = À Glória do Grande Arquiteto do Universo; a abreviatura é duplamente incorreta: primeiro porque coloca os três pontos depois da "`a", onde não houve corte de palavra; e segundo, porque a abreviatura correta de Glória é Gl∴ (assim como de Grande é Gr∴). Desta maneira, o correto seria: À Gl∴ do Gr∴ A∴ do U∴ , ou À Gl∴ do Gr∴ Arq∴ do Un∴ .

T∴ e F∴ A∴ = Tríplice e Fraternal Abraço; a abreviatura é incorreta, pois o certo seria Tr∴ e Fr∴ Abr∴ (abreviatura A∴ é mais utilizada para Altar).

A∴ R∴ L∴ S∴ = Augusta e Respeitável Loja Simbólica; a abreviatura é duplamente incorreta, porque elimina o "e" e porque faz o corte da palavra "Augusta" entre duas vogais. Assim, o correto seria Aug∴ e R∴ L∴ S∴ , ou Aug∴ e Resp∴ Loj∴ Simb∴ (esta última é mais certa, já que o "S" é mais reservado para "Sul" e "L" para "Luz").

As principais abreviaturas Maçónicas em outros idiomas:

A. Dep. – Anno Depositionis. "In the Year of the Deposite", The date used by Royal and Select Masters

A∴ & A∴ – Ancient and Accepted

A∴ F∴ M∴ – Ancient Freemasons

A∴ F∴ & A∴ M∴ – Ancient Free and Accepted Masons

A. Inv. – Anno Inventionis. "In the Year of the Discovery", the date used by Royal Arch Masons

A. L. – Anno Lucis, "In the Year of light" the date used by Ancient Craft Masons

A∴ L∴ G∴ D∴ G∴ A∴ D∴ L'U∴ – À la Gloire du Grand Architecte de L'Univers. "To the Glory of the Grand Architect of the Universe" (French) The usual caption of French Masonic documents.

A∴ L'O∴ – À L'Orient, "At the East" (French) The seat of the Lodge

A. M. – Anno Mundi, "In The Year of the World". The date used in the Ancient and Accepted Scottish Rite

A. O. – Anno Ordinis, "In the Year of the Order" . The date allegedly used by Knights Templars

A∴ Y∴ M∴ – Ancient York Mason

B∴ – Bruder. German, meaning Brother.

BB∴ – Brothers (Plural)

B∴ A∴ – Buisson Ardent. French, meaning Burning Bush.

B∴ B∴ – Burning Bush.

Bn∴ – Brudern. German, meaning Brethren.

Comp∴ – Companion. Used by Brethren of the Royal Arch.

C∴ C∴ – Celestial Canopy.

C∴ H∴ – Captain of the Host.

D∴ – Deputy.

D∴ and A∴ F∴ – Due and Ancient Form.

D∴ G∴ C∴ – District Grand Chapter

D∴ D∴ G∴ H∴ P∴ – District Deputy Grand High Priest.

D∴ D∴ G∴ M∴ – District Deputy Grand Master

D∴ G∴ M∴ – Deputy Grand Master.

D∴ G∴ B∴ A∴ W∴ – Der Grosse Baumeister aller Welten, "The Grand Architect of All Worlds" (German)

D∴ G∴ G∴ H∴ P∴ – Deputy General Grand High Priest.

D∴ G∴ H∴ P∴ – Deputy Grand High Priest.

D∴ G∴ M∴ – Deputy Grand Master.

D∴ M∴ J∴ – Deus Meumque Jus, "God and My Right" (Latin)

D∴ Prov∴ G∴ M∴ – Deputy Provincial Grand Master.

Deg. – Degree or Degrees. Another way is as in 33, meaning Thirty-Third Degree. (Although this is more commonly denoted with a degree sign)

Dist∴ – District.

E∴ – Eminent; Excellent; Also East.

E∴ A∴ – Entered Apprentice. Sometimes abbreviated E∴ A∴ P∴

E∴ C∴ – Excellent Companion.

Ec∴ – Écossais, "Scottish", or belonging to the Scottish Rite (French)

E∴ G∴ C∴ – Eminent Grand Commander.

E∴ G∴ M∴ – Early Grand Master.

E∴ O∴ L∴ – Ex Oriente Lux, "Out of the East comes Light" (Latin).

F∴ – Frère, "Brother" (French)

F. & A∴ M∴ – Free and Accepted Masons.

F∴ C∴ – Fellowcraft.

F∴ M∴ – Freemason or Freemasonry.

G∴ – Grand; sometimes read as Great. It also alludes to God, geometry or the Great Architect of the Universe.

G∴ A∴ O∴ T∴ U∴ – Grand Architect of the Universe.

G∴ A∴ S∴ – Grand Annual Sojourn.

G∴ C∴ – Grand Chapter; Grand Council; Grand Cross; Grand Commander; Grand Chaplain; Grand Conclave; Grand Conductor; Grand Chancellor.

G∴ C∴ G∴ – Grand Captain General; Grand Captain of the Guard.

G ∴ C∴ H∴ – Grand Captain of the Host; Grand Chapter of Heredom.

G∴ Com∴ – Grand Commandery; Grand Commander.

G∴ D∴ – Grand Deacon.

G∴ D∴ C∴ – Grand Director of Ceremonies.

G∴ E∴ – Grand Encampment; Grand Bast; Grand Ezra.

G∴ J∴ W∴ – Grand Junior Warden.

G∴ G∴ C∴ – General Grand Chapter

G∴ G∴ H∴ P∴ – General Grand High Priest.

G∴ G∴ K∴ – General Grand King.

G∴ G∴ M∴ F∴ V∴ – General Grand Master of the First Veil.

G∴ G∴ S∴ – General Grand Scribe.

G∴ G∴ T∴ – General Grand Treasurer.

G∴ H∴ P∴ – Grand High Priest.

G∴ K∴ – Grand King.

G∴ L∴ – Grand Lodge. Grande Loge (French). Grosse Loge (German).

G∴ M∴ – Grand Master; Grand Marshal; Grand Monarch.

G∴ N∴ – Grand Nehemiah.

G∴ O∴ – Grand Orient; Grand Organist.

G∴ P∴ – Grand Pursuivant; Grand Prior; Grand Prelate; Grand Preceptor; Grand Preceptory; Grand Patron; Grand Priory; Grand Patriarch; Grand Principal.

G∴ P∴ S∴ – Grand Principal Sojourner

G∴ R∴ – Grand Registrar; Grand Recorder.

G∴ R∴ A∴ C∴ – Grand Royal Arch Chapter.

G∴ S∴ – Grand Scribe; Grand Secretary; Grand Steward.

G∴ S∴ B∴ – Grand Sword Bearer; Grand Sword Bearer.

G∴ S∴ E∴ – Grand Scribe Ezra.

G∴ S∴ N∴ – Grand Scribe Nehemiah.

G∴ S∴ W∴ – Grand Senior Warden.

G∴ T∴ – Grand Treasurer; Grand Tyler.

H∴ A∴ B∴ – Hiram Abiff.

H∴ E∴ – Holy Empire.

H∴ J∴ – Heilige Johannes, "Holy Saints John" (German – referring jointly to John the Baptist and John the Evangelist)

H∴ K∴ T∴ – Hiram, King of Tyre.

H∴ R∴ D∴ M∴ – Heredom.

Ill∴ – Illustrious.

I∴ N∴ R∴ I∴ – Iesus Nazarenus, Rex Iudoeorum. Latin, meaning "Jesus of Nazareth, King of the Jews". The Letters are also the initials of a significant sentence in Latin, namely, Igne Natura Renovatur Integra, meaning "By fire nature is perfectly renewed".

I∴ P∴ M∴ – Immediate Past Master. English title of an official last promoted from the chair.

I∴ T∴ N∴ O∴ T∴ G∴ A∴ O∴ T∴ U∴ – In the Name of the Grand Architect of the Universe. Often forming the caption of Masonic documents.

J∴ W∴ – Junior Warden.

K∴ – King.

K∴ E∴ P∴ – Knight of the Eagle and Pelican

K∴ H∴ – Kadash, Knight of Kadosh.

K∴ H∴ S∴ – Knight of the Holy Sepulcher

K∴ M∴ – Knight of Malta

K∴ S∴ – King Salomon (Suleiman)

K∴ T∴ – Knights Templar; Knight Templar.

L∴ – Lodge. Also Lehrling meaning "Apprentice" (German).

L∴ R∴ – Lonon Rank. A distinction introduced in England in 1908.

L∴ V∴ X∴ – Lux. Meaning Light (Latin).

M∴ – Mason; Masonry; Marshal; Mark; Minister; Master. Meister, in German. Maître, in French.

M∴ C∴ – Middle Chamber.

M∴ E∴ – Most Eminent; Most Excellent.

M∴ E∴ G∴ H∴ P∴ – Most Excellent Grand High Priest.

M∴ E∴ G∴ M∴ – Most Eminent Grand Master (of Knights Templar).

M∴ E∴ M∴ – Most Excellent Master.

M∴ E∴ Z∴ – Most Excellent Zerubbabel.

M∴ K∴ G∴ – Maurer Kunst Geselle. Meaning Fellow Craft (German).

M∴ L∴ – Maurer Lehrling. Meaning Entered Apprentice (German).

M∴ L∴ – Mère Loge. Meaning Mother Lodge (French).

M∴ M∴ – Master Mason. Mois Maçonnique, "Masonic Month" (French): March 18 the first Masonic month among French Freemasons. Also Meister Maurer, "Master Mason" (German)

M∴ P∴ S∴ – Most Puissant Sovereign.

M∴ W∴ – Most Worshipful.

M∴ W∴ G∴ M∴ – Most Worshipful Grand Master; Most Worthy Grand Matron.

M∴ W∴ G∴ P∴ – Most Worthy Grand Patron.

M∴ W∴ M∴ – Most Wise Master

M∴ W∴ S∴ – Most Wise Sovereign

N∴ E∴ C∴ – North-east Corner.

N'o∴ P∴ V∴ D∴ M∴ – N'oubliez pas vos décorations Maçonniques, "Do not forget your Masonic regalia" (French), a phrase used in France on the corner of a summons.

O∴ – Orient.

O∴ A∴ C∴ – Ordo ab Chao, "Order Out of Chaos" (Latin)

OB∴ – Obligation.

P∴ – Past; Prelate; Prefect; Prior.

P∴ C∴ W∴ – Principal Conductor of the Work.

P∴ G∴ M∴ – Past Grand Master; Past Grand Matron.

P∴ J∴ – Prince of Jerusalem.

P∴ K∴ – Past King.

P∴ M∴ – Past Master.

P∴ P∴ L∴ M∴ – Prepaid (or Paid) Perpetual Life Membership

P∴ S∴ – Principal Sojourner.

Pro G∴ M∴ – Pro-Grand Master.

Prov∴ – Provincial.

Prov∴ G∴ M∴ – Provincial Grand Master.

R∴ A∴ – Royal Arch; Royal Art.

R∴ A∴ C∴ – Royal Arch Captain; Royal Arch Chapter.

R∴ A∴ M∴ – Royal Arch Mason; Royal Arch Masonry; Royal Ark Mariner.

R∴ C∴ or R∴ t∴ Rose Croix. Appended to the signature of one having that degree

R∴ E∴ – Right Eminent.

R∴ E∴ A∴ et A∴ – Rite Écossais Ancien et Accepté, "Ancient and Accepted Scottish Rite" (French).

R∴ L∴ – Respectable Loge, "Worshipful Lodge" (French)

R∴ S∴ Y∴ C∴ S∴ – Rosy Cross (in the Royal order of Scotland).

R∴ W∴ – Right Worshipful.

R∴ W∴ M∴ – Right Worshipful Master.

S∴ – Scribe, Sentinel, Seneschal, Sponsor.

S∴ C∴ – Supreme Council.

S∴ G∴ D∴ – Senior Grand Deacon.

S∴ G∴ I∴ G∴ – Sovereign Grand Inspector General

S∴ G∴ W∴ – Senior Grand Warden.

S∴ M∴ – Secret Master; Substitute Master

S∴ O∴ – Senior Overseer.

S∴ P∴ R∴ S∴ – Sublime Prince of the Royal Secret.

S∴ S∴ – Sanctum Sanctorum, "Holy of Holies" (Latin)

S∴ S∴ M∴ – Senior Substitute Magus.

S∴ S∴ S∴ – The initials of the Latin word Salutem, meaning Greeting, repeated thrice and also found similarly in the French, Trois Fois Salut, meaning "Thrice Greeting". A common caption to French Masonic circulars or letters

S∴ W∴ – Senior Warden.

Sec∴ – Secretary.

Soc∴ Ros∴ – Societas Rosicruciana

Sur∴ – Surveillant. French, meaning Warden.

T∴ C∴ F∴ – Très Cher Frère. Meaning Very Dear Brother (French).

T∴ G∴ A∴ O∴ T∴ U∴ – The Grand Architect of the Universe.

T∴ S∴ – Tres Sage. Meaning Very Wise, addressed to the presiding officer of French Rite (French).

U∴ D∴ – Under Dispensation.

V∴ or Vén∴ – Vénérable. Meaning Worshipful (French).

V∴ D∴ B∴ – Very Dear Brother.

V∴ D∴ S∴ A∴ – Veut Dieu Saint Amour, or Vult Dei Sanctus Animus. A formula used by Knights Templar. The expression Veut Dieu Saint Amour means "Wishes God Holy Love". Vult Dei Sanctus Animus is the Latin Version of the same phrase.

V∴ E∴ – Viceroy Eusebius; Very Eminent.

V∴ F∴ – Vénérable Frère, "Worshipful Brother" (French)

V∴ L∴ – Vraie Lumière, "True Light" (French)

V∴ S∴ L∴ – Volume of the sacred Law.

V∴ W∴ – Very Worshipful

W∴ – Worshipful

W∴ M∴ – Worshipful Master or Wurdiger Meister (German)

<u>Autores Maçons e suas obras</u>

Existem muitos autores brasileiros que escreveram sobre maçonaria, uma antiga e respeitada instituição que reúne pessoas de diferentes crenças, profissões e ideais. Alguns desses autores são:

- **Hélio Antônio da Silva,** autor desta obra e de outras 80 publicações, sendo a grande maioria em e-books editados pela Amazon.
- **Professor Antônio Mariano Sobrinho,** filósofo e autor de "Huzze, o poder da maçonaria" e outras tantas maravilhosas obras.
- **Pedro Neves**, autor de "Análise do Ritual do Aprendiz" e outras tantas obras e inúmeros textos maçônicos.
- **Paulo Santos,** historiador e autor de "Maçonaria e Espiritismo" e várias outras obras, principalmente sobre o Rito de York.
- **Kennyo Ismail**, médico e escritor, autor de livros como "O Segredo dos Símbolos Maçônicos", "O Simbolismo no Grau de Aprendiz" e "A Maçonaria na Revolução Francesa" .
- **José Castellani**, historiador e professor, autor de livros como "História do Grande Oriente do Brasil", "O Rito Escocês Antigo e Aceito" e "A Maçonaria na História do Brasil" .
- **João Guilherme Linke**, advogado e escritor, autor de livros como "Maçonaria: Uma Jornada Iniciática", "Maçonaria: Uma Jornada Filosófica" e "Maçonaria: Uma Jornada Espiritual" .
- **Marcos José da Silva**, jornalista e escritor, autor de livros como "Maçonaria: História, Ritos e Símbolos", "Maçonaria: Mitos e Verdades" e "Maçonaria: Aventura Humana"
.
- **Rizzardo da Camino** como autor de maçonaria. Ele foi um grande escritor e maçom, autor de mais de 100 livros sobre o tema, como "Aprendiz Maçom", "Companheiro Maçom" e "Mestre Maçom"
- **Sérgio de Oliveira Emilião,** palestrante e autor de várias obras, dentre elas se destaca "O simbolismo do Aprendiz no Rito Adonhiramita".
- **Antônio Carlos de Oliveira Fernandes**, palestrante e autor de vários livros, dentre eles "A Simbologia das Velas"
- **Mauro Ferreira**, empresário e autor de várias obras, dentre elas "A Simbologia Maçônica".
- **Jorge Adoum**, também conhecido como Mago Jefa, foi um escritor, médico, pintor, escultor e músico libanês que se radicou no Equador[1]. Ele escreveu mais de 40 livros sobre ciências ocultas e maçonaria, traduzindo muitas obras do árabe para o espanhol[2]. Alguns de seus livros são "Eu Sou", "O Poder do Mago" e "A Magia do Verbo" [3]. Ele foi um iniciado na tradição hermética e rosacruz, e fundou a Ordem Martinista do Equador[1]. Ele morreu em 1958, aos 61 anos.

        Esses são apenas alguns exemplos de autores brasileiros que se dedicaram a estudar e divulgar a maçonaria. Há muitos outros que também contribuíram com suas obras para o enriquecimento dessa tradição. Você pode encontrar mais informações sobre eles nos sites das lojas maçônicas ou nas bibliotecas especializadas.

Palavras Finais

Esta obra tem por objetivo o engrandecimento da Maçonaria como um todo. Para isso, o autor se valeu, em sua narrativa, tanto de argumentos históricos quanto dos costumes maçônicos. A finalidade não é o engrandecimento pessoal ou, muito menos, descortinar os chamados "segredos maçônicos" fora dos nossos templos. Muito ao contrário, o objetivo buscado desde o início é a divulgação segura e séria sobre o universo denominado "maçonaria" que sempre despertou e continua despertando o interesse do mais variado e eclético público possível e imaginável.

Quando me propus a confeccionar esta obra, o fiz de forma muito profissional, resguardando nossos segredos, filtrando informações que fossem relevantes para o perfeito entendimento deste manuscrito e que, ao final da leitura, o leitor tivesse saciada a sua sede de conhecimento e, ao mesmo tempo, despertasse a vontade de ingressar em nossas fileiras, uma vez que indiretamente já adquiriu conhecimento básico sobre as possíveis formas de ingresso e os lances pelos quais irá se submeter tanto no período da sindicância para aprovação do seu nome bem como durante a cerimônia de iniciação para o grau de Aprendiz Maçom.

Ao reler todos esses capítulos com a finalidade de corrigir possíveis erros de ortografia o digitação, notei que não fiz nenhuma referência ao conjunto dos nossos Templos atuais nos quais acontecem nossas lojas, a saber: Nossa sede está localizada na Cidade de Mirassol/SP e a administração geral na Rua 9 de Julho 1987 Edifício Comercial, conjunto 203; o Templo está localizado na mesma rua porém no número 1606, no qual se reúnem as Lojas Thoth 432 (Rito Egípcio) e Nove de Julho (REAA de 1804) e a Loja Histórica Johan S.Bach (Rito Alemão chamado Schroeder); em São Paulo/Capital temos a Loja Dom Pedro I (REAA de 1804) e a Loja Amon Rá (Rito Egípcio) na Rua Camaragipe nº 219 no Bairro da Barra Funda; em Goiás, temos a Loja 5 de Agosto na Cidade de Rio Verde; em Rio Claro/SP temos a Loja Hórus 357 que está em fase de habilitação para fundação, já com a autorização expedida e Carta Patente devidamente lavrada; temos, ainda na Capital de São Paulo, a Loja Feminina Despertar de Isis jurisdicionada à GLOMEB. Além de abrigarmos as Lojas Maçônicas em nossos templos, somos a sede da Ordem dos Cavaleiros Templários do Brasil que se mantém em atividade desde o ano de 2012.

Finalmente, espero que todos, maçons ou não maçons, tenham apreciado está obra e que possam ter somado um pouco mais de conhecimento sobre o tema aqui exposto. Recomendo que procurem por outras obras da minha autoria junto ao site da amazona (cerca de 80 títulos já disponíveis todos em e-book) e se inscrevam em nossa página oficial www.glomeb.com.br

Fiquemos todos em Paz Profunda, tenhamos uma Vida Longa e Próspera, são esses os nossos votos.

F I M

Formação Universitária: Graduado em Ciência Jurídicas e pós-graduado em Direito Civil e Processo Civil, Direito Criminal e Processo Criminal. Extensão Universitária em Homeopatia, pela Universidade Federal de Viçosa/MG. Jornalista, autor e editor (ISBN prefixo editorial nº 915246). Atuação Profissional: Advogado atuante junto ao plenário do júri dos Tribunais Estaduais bem como STF e STJ; Juiz-Arbitral atuando em São José do Rio Preto/SP, Comarca de São José do Rio Preto. Empresário do setor de comunicação e marketing; professor na área do direito e palestrante. Terapeuta Holístico para a área da hipnose e homeopatia. Formação Filosófica: Livre-filósofo, Rosacruz dos segmentos Amorc, Rosacruz Áurea e Fraternidade Rosacruciana; Maçom do Grau 33º. REAA e 95º. RAPM (Memphis), Grau 96º. Do Antigo Primitivo Rito e Oriental de Memphis- Misraim (APROMM), Fundador e Sereníssimo Grão-Mestre Geral da Grande Loja Regular e Simbólica da Maçonaria Egípcia no Brasil-Glomeb.; Fundador e Mui Poderoso e Soberano Grande Comendador do Supremo Conselho do Grau 33º. Do REAA de 1804 para a República Federativa do Brasil; Grande Hierofante Guardião do Rito e fundador do Soberano Santuário do Brasil para o Rito Antigo e Primitivo de Memphis-Misraim. Grande Prior da Ordem dos Cavaleiros Templários do Templo de Jerusalém, Palestina, Rodes e Malta. Autor exclusivo de todo o material didático distribuído pela Grande Loja Regular e Simbólica da Maçonaria Egípcia no Brasil- GLOMEB.